KB161685

출근이 두렵다면,
MBTI

조수연 조직소통교육 전문가

2008년, 기업교육 강사로서 사람에 대한 연구를 시작으로 지금까지 다양한 성격유형을 분석하고 있다. 이를 직장생활에 적용하여 동료, 상사, 부하직원 관계 때문에 힘든 이들에게 해결 방향을 제시하여 어려움 없이 업무에 몰입할 수 있도록 돕고 있다. 현재 조직소통교육 전문기관 인허브컨설팅 대표로서 삼성, SK, LG, 한화 등 수많은 기업에서 관계로 지친 직장인들의 고민을 해결해 주고 있다.

일보다 사람이 더 힘든
직장인들을 위한 16가지 유형별 집중 탐구

출근이 두렵다면,
MBTI

글 조수연

목차

ISTP

CATEGORY 1. | 전략기획팀

CATEGORY 2. | 영업관리팀

ESTJ

CATEGORY 3. | 인사팀

CATEGORY 4. | 마케팅팀

　많은 직장인들이 인간관계로 인한 스트레스를 안고 있다. 가뜩이나 회사 일도 힘든데 불편한 직장동료는 출근을 더 두렵게 만든다. 나 역시 과거, 직장까지 포기하고 싶게 하는 상사가 있었다. 그 상사는 약한 사람에겐 강하고 강한 사람에겐 약한 전형적인 강약형 리더였다. 상사의 무리한 요구에도 여과 없이 일을 받아와 뿌려주곤 "이걸 해내는 게 네 역할이야", "지금 당장 해서 줘"라는 식으로 파트너로서의 존중은 기대하기 어려웠다. 그럴 때마다 나의 열정이 상사에겐 쥐어짜다 없어지면 버려질 치약 같았다. 그런데도 퇴사를 하지 않는 이상 상사를 이해해야만 했다. 내가 그토록 공들여 쌓아온 직장에서 상사 때문에 퇴사를 결정하는 건 패배를 인정하는 것 같았다. 그래서 그 상사를 더 공부해야 했다. 상사가 말하는 내 모습과 내가 본 상사의 모습이 객관적으로 '진짜'일지 궁금했기 때문이다.

　MBTI 유형으로 본 우리는 너무 다르다는 걸 알았다. 나는 어디로 튈지 모르는 탱탱볼 같았고, 그는 예상치 못한 이슈를 가장 싫어

했다. 완벽하지 않더라도 시도에 의미를 두는 내가 상사에겐 '늘 불안이었겠구나' 생각하니 그에게 연민이 들기도 했다. 그때서야 나를 향해 쏘았던 그의 화살은 자신이 살기 위한 방패일 수 있다는 것을 깨달았다.

사람은 본능적으로 피할 수 없는 사람이라면 자신을 힘들게 하는 사람을 자꾸 되새김질로 곱씹는다. 인간의 뇌 구조는 나쁜 경험을 식별하고 그에 대처하도록 만들어졌기 때문이다. 우리가 차를 타고 가면서 위험한 순간에는 속도를 줄이지만 좋은 경치 앞에서는 쉽게 속도를 줄이지 않는 모습과 같다. 그래서 내가 힘든 유형과 패턴을 알고 공존하는 방법을 터득하지 않으면 고통의 웅덩이에 반복해서 빠질지 모른다.

결국, 나를 힘들게 했던 동료와 상사는 나를 향한 공격이 아니라 자신을 지켜내는 방어였다는 사실을 이해하게 되면 서로의 영역을 지켜줄 수 있을 것이다. 이렇게 서로를 이해하는 방법으로 MBTI를 추천하고 싶다. 서로 대극의 구도로 유형을 구분한 MBTI는 타인과의 다름을 이해하는데 최적화되어있다. 그래서 대중들에게 더 쉽게 와 닿았을지 모른다.

　이 책은 MBTI 유형에 따른 직장생활을 탐구하여 좀 더 슬기롭게 일할 수 있는 노하우를 전하고 있다. 회사에서 일보다 사람 때문에 힘들어 고민하는 직장인들에게 소소한 해결책이 되었으면 한다. 특히 이 책을 읽다 보면 "그래서 그때 그 동료가 그렇게 행동했구나?", "일할 때 내가 이렇게 비칠 수 있겠구나!"를 깨닫게 하고 서로의 다름으로 커지는 관계의 갈등을 최소화할 수 있는 소통 방법도 제안하고자 한다.

　한편, 이 책에서는 각 유형의 이해를 돕기 위해 많은 사례와 예시들이 담겨있는데 그 사례가 오히려 유형에 보편적인 모습이라는 선입견을 씌워버릴 것 같아 조심스럽다. 그러나 실상 직장인들은 성격

유형뿐 아니라 본인이 처한 근무환경이나 조직문화, 현재 근무태도 등에도 큰 영향을 받는다. 그래서 이 책에서 표현된 일화가 현실 모습과 달라 거리감을 느끼거나, 억지스럽다고 느낄 수도 있다. 이 책에선 이해를 돕기 위한 예시이므로 참고는 하되, MBTI라는 틀 안에 동료들을 끼워 넣지 않기를 당부한다.

같은 공간, 나와 너무 다른 동료

달라도 너무 다른 동료와 같은 공간에 있는 것만으로도 화가 날 때가 있다. 나의 화를 부르는, 전혀 다른 성향의 한 동료가 있었다. 나는 출근함과 동시에 업무 모드 스위치가 켜진다. PC가 부팅되는 동안 오늘 해야 할 업무의 순서와 예상 시간을 정한다. 오늘도 어김없이 빡빡하고 정신없이 돌아갈 하루를 생각하면 정신이 번쩍 든다. 근무시간엔 엉덩이 떼기도 아까워 화장실까지 참아가며 몰입한다. 이유는 6시 퇴근이라는 보상을 얻기 위해서다. 삶에서 일을 정확히 여과해 내기 위한 발악이다.

반면, 나의 옆자리 동료 박 대리는 일과 삶이 어우러진 삶을 살았다. 출근하면 동료들에게 다가가 안부를 묻고, 동료들과 맛있는 점심을 먹기 위해 맛집을 알아보는데 기꺼이 업무 시간을 할애한다. 그리고 혼자 출력물을 복사하고 있는 동료 옆에서 말벗을 자처한다. 그러니 박 대리에게 야근은 일상이었고, 기한 내 끝내지 못한 일을 다른 동료에게 도움 청하는 일도 자연스러운 절차였다. 그래서 내가 제일 불편하고도 무서운 말은 나에게 다가와 "도와줄까요?"라는 말이었다. 정말 고마워야 할 말에 '화'라는 감정이 오작동을 일으켰다.

난 왜 이 동료의 고마운 태도가 불편하고 힘들었을까? MBTI의 성향으로 표현하면 'T' 사고형과 'F' 감정형으로 판단기능의 양극

성향의 사람들이 만났기 때문이다. 그 누구도 나쁘고 잘못한 사람이 없음에도 서로는 불편했고, 시간이 지날수록 같은 공간에서 다름을 느끼는 것만으로도 감정이 소모되었다. MBTI로 이해하고 해석해도 그건 나에게 너무 힘든 일이었다.

이 일은 누구나 한 번쯤 겪을 수 있는 일상이다. 서로 다른 사람들이 공동의 목표로 함께 일하는 건 정말 어려운 일이다. 하지만 우리가 기억해야 하는 것은 서로 다르기에 보완이 될 수 있다는 점이다. 모두 나 같은 사람들이 근무했다면 말 한마디 없는 삭막한 황무지 분위기가 계속될 것이고, 박 대리와 같은 사람만 있다면 분위기는 좋겠지만 제때 일을 끝내기 어려울 것이다.

당신에게도 불편한 감정으로 채워진 동료가 있는가? 그렇다면 마음속 그려지는 그의 모습은 무엇인가?

❶ 설치는	❷ 마음이 여린	❸ 매정한	❹ 자기중심적인
❺ 수동적인	❻ 신경질적인	❼ 깐깐한	❽ 간사한
❾ 우유부단한	❿ 욕심 많은	⓫ 실속 없는	⓬ 융통성 없는
⓭ 산만한	⓮ 추진력 부족한	⓯ 고집 센	⓰ 까다로운
⓱ 제멋대로인	⓲ 미련한	⓳ 가벼운	⓴ 잔소리 많은

위 성격의 특징은 나쁜 측면에서 바라보았을 때의 단어들이다. 사람들의 성격은 동전의 양면과도 같아서 보는 사람이나 상황에 따라 앞면이 보이기도, 뒷면으로 보이기도 한다. 결국, 한 사람의 성격 특징을 내가 어떻게 보는가에 따라 다르게 보일 수 있다.

❶ 열정있는	❷ 지지적인	❸ 논리적인	❹ 자립심이 강한
❺ 협조적인	❻ 센스 있는	❼ 분명한	❽ 순발력 있는
❾ 조화로운	❿ 꿈이 있는	⓫ 너그러운	⓬ 믿을 수 있는
⓭ 솔선수범하는	⓮ 수용적인	⓯ 소신 있는	⓰ 챙겨주는
⓱ 유연성 있는	⓲ 끈기있는	⓳ 신속한	⓴ 창조적인

반대로 같은 모습을 조금만 다르게 보면 단점으로만 보였던 모습이 다음과 같이 보일 수도 있다. 예를 들어 주변에 '❶ 설치는' 동료가 있다면 그는 의욕 있는 성격을 가졌을 것이고 뒷면을 보는 누군가는 그를 '❶ 열정 있는' 사람으로 생각할 수 있다. 나에게 '❹ 자기중심적'으로만 생각되던 동료는 또 다른 누군가에겐 '❹ 자립심이 강해' 자신이 맡은 업무에 집중하는 모습으로 보일 수 있을 것이다.

동전 앞면	성격 특징	동전 뒷면
설치는 마음이 여린 수동적인	의욕적인 공감 잘하는 순종적인	열정있는 지지적인 협조적인

당신은 동료의 앞면, 뒷면 중 어디를 바라보고 있는가? 실제 박 대리가 나에게는 공과 사가 구분 안 되는 사람이었지만 다른 동료에겐 협조적이고 친절함을 가졌다고 평가받기도 했다. 내가 평가한 모습은 그 사람에 한 측면이었음을 알아차리는 것은 한 공간에서 살아내는 방법이 될 수 있다.

MBTI라는 도구는 묘하게 불편했던 지점이 무엇인지 감정을 덜어내고 바라보는 기회를 마련해 줄 것이다. 이는 마음에 있던 미움의 무게를 덜어내는 데 도움이 될 수 있다. 그래서 MBTI는 사람 간에 관계를 지켜내는 힘을 주기도 한다. 서로의 유형을 알고 있으면 서로의 영역을 이해할 수 있고 불편한 행동을 자제하게 된다. 이뿐 아니라 나에게 함부로 말하는 상대로부터 나를 지켜낼 수도 있다.

MBTI로 관계 이음새 만들기

직장에서 동료와 협업할 때 기질과 행동 패턴, 신념, 자신의 경험,

* 유동수, 2008, 《한국형 코칭》, 학지사.

상황인식에 대한 생각이 달라 부딪히는 경우가 많다. 그때 사람들은 자동으로 떠오르는 생각을 가지고 상황을 판단하는 경우가 많다.

예컨대, 이 대리는 김 과장만 생각하면 머리가 지끈 아프다. 평소 김 과장은 티 나는 일만 하려 하고, 새로운 일을 벌이는 것에 집중하다 뒷수습은 어느새 이 대리의 몫이 되곤 한다. 당연히 좋게 보일 리 없는 김 과장이 어느 날은 회의에서 일을 분담하는 과정에서 일의 강도가 제일 적은 일에 손을 번쩍 들어 하겠다고 자원한다. 이것을 본 이 대리는 자동적 사고에 빠지게 된다.

> '저거 봐, 어떻게든 일 안 하려고 한다니까(이분법적 사고).'
> '과장씩이나 됐으면 좀 강도 있는 일을 해야 하는 거 아니야? 미꾸라지 같아(잘못된 꼬리표).'
> '김 과장은 매번 티 나는 일만 하고 인정받고 싶은 욕심만 많아가지고... 내가 그러니깐 싫어하지(과도한 일반화).'
> '또 일이 내 차지가 되겠네(임의적 추론).'

이처럼 나의 신념, 기질, 경험 등에 의해 상대(사건)를 추론하여 떠오르는 생각을 '자동적 생각'이라 말한다. 미국의 심리학자 아론 벡에 의하면 이런 자동적 생각인 인지 오류는 정서적 추론, 일반화, 임의적 추론, 이분법 사고, 극대극소화, 파국화, 개인화, 선택적 추상화, 잘못된 명명, 긍정 격하 등 대표적인 10가지를 말하고 있으며 이것은 우울증을 지닌 사람들의 대표적 특징이라고 밝혔다.

이렇게 나를 괴롭게 하는 것은 사실 그 자체가 아니라 '진실이라 믿는 나'에서 비롯되는 경우가 많다. 위의 상황 또한 내가 만든 해석일 뿐이다. 이것을 진실이라 믿을수록 서로를 날카롭게 만들고 그로 인해 자신은 더 깊게 베일 수 있다. 다행히도, 나를 이토록 힘들게 하는 김 과장 같은 동료로부터 물리적으로는 벗어날 수 없지만 심리적으로는 벗어날 방법이 있다. 우리는 재빨리 두 가지를 알아차리면 괴로웠던 생각에서 나를 구할 수 있다.

먼저 첫 번째, 내가 가진 생각은 '휘핑크림'에 불과했다는 사실을 알아차려야 한다. 카페에서 휘핑크림을 많이 주면 서비스라는 생각에 기분 좋을 수도 있지만, 그 속에 가려진 내용물은 실제로 얼마나 들었는지 내가 주문한 음료가 맞는지 제대로 보기 어렵다. 이렇듯 내 마음속에 휘핑크림과 같은 자동적 생각이 많이 들어찰수록 김 과장의 본질과 사실을 제대로 볼 수 없다. 그러므로 내 마음속 '휘핑크림'을 걷어내는 작업이 필요하다. '내가 방금 상대를 생각한 것은 진실이 아니라 자동적 생각인 휘핑크림일 뿐이구나. 그 사람의 의도는 확인되지 않은 사실이야'라고 말이다.

두 번째로, 상대의 입장에서 욕구를 들여다보는 것이다. 이 대리 입장에선 '일을 벌여놓고 수습은 다른 사람한테 떠미는 김 과장'으로 생각되겠지만, 김 과장의 행동 욕구는 누구에게 잘 보이기 위해서도 성과를 뽐내어 승진하고 싶어서도 아닐 수 있다. 그저 새로운 일에 발동되는 흥미와 열정의 자동 버튼이 눌렸기 때문일지 모른다. 이렇게 내 관점에 기댄 해석이 아닌 상대의 욕구에 따른 해석은 내 안에 김 과장을 향한 미움과 원망의 마음을 조금이나마 덜어낼 수 있다.

이 두 가지 사실을 알아채는 데 'MBTI'는 도움을 준다. MBTI는 상대의 욕구와 성격을 이해하고 다가갈 수 있도록 만들어 주어 관계의 이음새가 될 수 있다. 이것이 MBTI를 직장에 적용하면 유리한 이유이다.

또 타인의 시선에서 보는 나의 모습을 MBTI라는 객관적 데이터를 통해 확인할 수 있다. 김 과장의 새로움에 대한 도전이 타인에겐 '용두사미식 업무처리'라고 느껴질 수 있다는 걸 깨달으면 행동 변화의 물꼬가 될 수 있다. 물론 서로의 성향을 안다고 해서 화나고 서운한 감정이 휘리릭 한 번에 증발하지 않는다. 하지만 서로를 알고 배려한다면 '틀렸다', '이상하다'로 보이던 부분이 '보완', '매력'의 모습으로 다시 보일 수 있다. "일 벌이는 사람 옆엔 수습하는 사람도 필요하니까. 내가 항상 수습 담당인 거 알죠?"라며 상호보완적 관계로 표현한다면 팀에서 각자의 영역과 입지를 만들어갈 수 있다. 이로써 자신의 강점은 기여하되, 단점은 파트너에 도움을 받아 완성해 나가는 진정한 'One Team'이 될 수 있다.

아울러 MBTI는 내가 모르는 나를 발견해 준다. 나에 대해 아무리 공부해도 알기 어려웠던 내면의 욕구와 동기, 기질을 하나의 라벨로 정리해 손쉬운 소통을 도와준다. "나는 내가 게으르고 늘 계획을 미뤄왔던 사람이라고만 생각했던데, 그 이유는 완벽주의라서 그렇대"라며 내가 몰랐던 나를 찾아주기도 한다. 혹은 "김 과장님은 제게 일을 대충대충 하는 것 같다고 하시는데, 저는 INTP 유형이라서 전략적으로 일하는 거래요. 나무를 베는 시간보다 더 중요한 건 칼을 가는 시간이니까요!"라고 말이다. 이렇게 심층적인 MBTI 해석을 통해 내가 알지 못한 심연의 욕구와 마주할 시간을 만들어 준다. 이로써 스스로 성격의 양면을 볼 수 있는 계기가 되어 자신감을 찾을 수도 있다.

관계의 스타트 블록 MBTI

"MBTI가 뭐예요?"

이제는 서로를 알아가는 과정에 MBTI를 빼놓을 수 없다. 처음 만난 사람에게 본인을 소개할 때 MBTI 유형을 언급하는 것도 너무 자연스러운 일이다. 달리기를 시작할 때 스타트 블록을 딛으며 시작하듯 오늘날 MBTI가 '관계의 스타트 블록'이 된듯하다.

어떤 관계를 시작하든 MBTI 유형을 맞춰 보는 것이 하나의 문화로 자리 잡았다. 직장인도 예외는 아니다. 서로의 유형을 물어보며 궁합(?) 척도를 보곤 나랑 잘 안 맞는 파국 동료를 점찍는다. 그뿐 아니라 회의 도중 헛헛한 농담을 한 동료에게 "아, 역시 엣프제(ESFJ)", 리더십 있게 점심 메뉴를 고른 동료에겐 "역시 지도자, 엔티제(ENTJ)"라며 동료의 활약에 MBTI를 연결지어 칭찬하기도 한다. 이것은 우리나라에만 일어나는 현상은 아니다. 한 연구에 따르면 전 세계적으로 연간 250만 명이 MBTI 검사에 참여한다는 조사 결과가 있을 정도라고 하니 조직에서 MBTI 유형으로 대화를 잇고, 관계를 예측하고, 협업을 조정하는 일은 매우 자연스러운 현상이다.

2012년 구글에서는 4년에 걸쳐 최고 팀들의 공통점을 밝혀내는 프로젝트를 진행한 결과, 성과 높은 팀 중심에는 조직원의 '심리적 안전감(구성원이 업무와 관련해 그 어떤 의견을 제기해도 벌을 받거나 보복을 당하지 않을 거라고 믿는 조직 환경)'이 높게 자리 잡고 있었다고 밝혔다. 이 심리적 안전감을 높이기 위해서는 타인의 행동이나 감정, 성향을 헤아리려는 분위기가 조성되는 것이 중요한데 이 역할에 MBTI가

도움을 줄 수도 있다.

MBTI는 쉽게 알기 어려운 타인의 가치관, 성격, 욕구 등을 한 번 찍으면 바로 들여다보는 QR코드 같은 역할을 한다. 그렇기에 MBTI가 매우 위험한 칼날이 되기도 한다. 사람을 알아가는 길은 꽤 오랜 시간을 살펴보고, 함께해도 그 사람의 가치를 알고 정의하기 어렵다. 그 멀고 먼 거리를 MBTI가 과감히 유형 하나로 "너 이런 사람이네", "너는 이럴 때 이렇게 행동하지?"라며 전지적 시점으로 타인을 예측해 버리는 경우도 많아 MBTI 유형을 밝히기 두려워도 한다. 그러나 MBTI 유형의 4글자로 손쉽고 빠르게 자신을 소개하는 방법도 없는 듯하다. MBTI 전문가들도 놀랄 만큼 MBTI는 이제 유행을 넘어 문화로, 하나의 언어로 자리매김한듯하다. 이제는 MBTI를 제대로 받아들여 4글자 때문에 상대를 오해하는 일이 없도록 정확한 이해가 필요하다.

가볍게 나를 헤아려보는 MBTI 테스트

　이토록 유용한 성격검사는 어떻게 개발되었을까? MBTI 성격검사는 '마이어스 브릭스 유형 지표(Myers-Briggs Type Indicator)'의 줄임말로 1900~1975년에 개발된 성격유형 검사이다. 미국의 심리학자 캐서린 브릭스(Katharine Briggs)와 그의 딸 이사벨 브릭스 마이어스(Isabel Briggs Myers) 모녀의 이름에서 만들어졌다. 어느 날, 딸 이사벨 브릭스 마이어스가 데려온 남자친구가 가족들과 너무 다른 모습을 보게 되고, 이를 계기로 정신분석 심리학자 칼 구스타프 융(Carl Gustav Jung)의 이론을 접목한 연구가 시작되었다고 한다. 이렇게 완성된 MBTI가 국내에는 1990년 6월 부산대학교 심혜숙 교수와 서강대학교 김정택 교수에 의해 사용할 수 있게 되었고, 현재 국내에서 다양한 분야에 활용되고 있다.

　MBTI는 4가지 분야별 대극화된 2가지의 선호도가 있다고 말한다. ① 에너지의 방향에 따라 외향형(E)과 내향형(I), ② 인식에 따라 감각형(S)과 직관형(N), ③ 판단 방식에 따라 사고형(T)과 감정형(F), ④ 행동양식에 따라 판단형(J)과 인식형(P)으로 나뉘고 이 4가지 지표들의 조합으로 16가지 유형이 구분된 것을 말한다. 이는 아래의 표와 같이 정리할 수 있다(한국 MBTI 연구소 참고, 온라인 무료검사와 16가시 유형 명칭이 다르며 다음의 명칭은 국내에서 사용하는 정식 명칭이다).

4가지 선호 지표

	에너지방향			ISTJ 세상의 소금형	ISFJ 임금 뒤편의 권력형	INFJ 예언자형	INTJ 과학자형
E	←→	I		ISTP 백과사전형	ISFP 성인군자형	INFP 잔다르크형	INTP 아이디어 뱅크형
S	인식기능 ←→	N		ESTP 수완 좋은 활동가형	ESFP 사교적인 유형	ENFP 스파크형	ENTP 발명가형
T	판단기능 ←→	F		ESTJ 사업가형	ESFJ 친선도모형	ENFJ 언변능숙형	ENTJ 지도자형
J	행동양식 ←→	P					

먼저, 이 지표를 알아보기 위해 나의 가장 도드라진 특징을 체크해 나의 지표를 가늠해 보자. 아래의 대극적인 두 가지 지문 중 내가 사람들에게 자주 보이는 모습이 아닌 내가 진정 편안한 상태의 모습을 체크한다. 직장에서의 나의 모습은 본연의 모습보단 회사에 맞춰진 습관이 반영될 수 있으므로 정확도가 흐려질 수 있다. 그러므로 내가 가장 편안한 환경에서 발현되는 나의 모습을 잘 돌아보길 바란다. 참고로 이 검사는 검증을 거치지 않은 간이 검사로 정확한 유형이 도출되지 않을 수 있다. 우리가 흔히 알고 있는 온라인 무료검사도 마찬가지다. 그래서 정확한 유형 분석을 원한다면 원저작권 소유자인 미국 CPP(Consulting Psychologists Press)와 계약되어 국내 저작권과 사용 자격을 가진 어세스타의 정식검사지를 활용한 진단이 필요하다.

4가지 지표대로 나의 유형을 알아볼 수 있도록 내가 편하다고 느끼는 상황이나 표현에 체크해 보자. 왼쪽과 오른쪽 중 더 많이 해당하는 것이 내 유형일 가능성이 높다.

#외향(E) VS 내향(I) 에너지방향

☐ 어떤 화제로 대화를 나누는 것	VS	☐ 어떤 화제로 생각에 잠기는 것
☐ 말로 표현하는 것	VS	☐ 글로 생각을 표현하는 것
☐ "한번 터놓고 얘기 좀 해보자"	VS	☐ "생각을 좀 더 해보자"
☐ 주로 자신의 생각을 말하는	VS	☐ 상대가 어떻게 느끼는지 질문하는
☐ 다 함께 동시에 일하는	VS	☐ 분업해 일을 취합하는
☐ 처음 만나 대화가 끊기는 게 더 어려운	VS	☐ 처음 만나 대화 소재를 찾는 게 더 어려운
☐ 말 안 해도 될 것을 말해서 후회한 적	VS	☐ 말해야 하는데 못해서 후회한 적

* 왼쪽 체크가 더 많으면 외향형(E), 오른쪽이 더 많으면 내향형(I)일 가능성이 높다.

#직관(N) VS 감각(S) 인식기능

☐ 어제 있었던 일을 상세히 말하는 것	VS	☐ 어제 있었던 일로 깨달은 점을 말하는 것
☐ 현재 업무에 집중하는	VS	☐ 미래의 가능성을 염두에 두는
☐ 현 업무에 세부적인 체계를 다지는 일을 선호	VS	☐ 새로운 업무를 설계하는 일을 선호
☐ 하나의 일을 마치고 다음 일을 시작하는	VS	☐ 동시에 다양한 업무에 관심사를 갖는
☐ 안정적으로 정착된 일	VS	☐ 새롭게 창조하는 일
☐ 요목조목 상세히 묘사된 말	VS	☐ 의미있게 함축된 말
☐ "이게 뭐냐면, 왜냐하면"	VS	☐ "뭔 말인지 알지, 느낌 알겠지?"

* 왼쪽 체크가 더 많으면 감각형(S), 오른쪽이 더 많으면 직관형(N)일 가능성이 높다.

#감정(F) VS 사고(T) 판단기능

☐ 마음으로 느껴져 판단하는 것	VS	☐ 이성적인 기준으로 판단하는 것
☐ 자주 사용하는 말 "너는 어때?"	VS	☐ 자주 사용하는 말 "나는~ 생각해"
☐ 상대에게 도움이 되고 싶다	VS	☐ 상대에게 피해 주기 싫다
☐ 토론에서 상대의 입장을 이해하는 일	VS	☐ 토론에서 자신의 의견을 피력하는 일
☐ (상대가 내 물건을 빌려 가 잃어버렸을 때) 일단, 진정한 사과부터 해야 한다	VS	☐ (상대가 내 물건을 빌려 가 잃어버렸을 때) 일단, 해결책을 마련해야 한다
☐ '누가' 이 일을 부탁하는지 중요	VS	☐ '왜' 이 일을 해야 하는지 이유가 중요
☐ 내 편이 되어 주는 든든한 공감	VS	☐ 나에게 도움이 되는 현실적인 조언

* 왼쪽 체크가 더 많으면 감정형(F), 오른쪽이 더 많으면 사고형(T)일 가능성이 높다.

#인식(P) VS 판단(J) 행동양식

☐ 상황에 따라 유연성을 발휘하는   VS   ☐ 계획대로 일을 처리하는

☐ 적절한 상황대처로 전화위복 되는것   VS   ☐ 문제없이 틀어지지 않고 예상대로 처리 되는 것

☐ 업무 환경이 자유로운   VS   ☐ 업무 환경이 안정적으로 자리 잡은

☐ 최고의 선택을 위해 결정 미루기   VS   ☐ 바로 결정을 내려 실천하기

☐ 즉흥적인 업무 스타일   VS   ☐ 예측이 가능한 업무 스타일

☐ 약속시간에 맞춰 도착하는   VS   ☐ 약속시간 전에 도착하는

☐ 효율적으로 물건을 찾기 쉽게 하는 것   VS   ☐ 물건이 지정된 자리 그대로 있는 것

* 왼쪽 체크가 더 많으면 인식형(P), 오른쪽이 더 많으면 판단형(J)일 가능성이 높다.

MBTI를 향한 오해와 불신

MBTI는 다른 성격검사에 비해 타인과 차이가 극명하게 표현되기 때문에 '일상에 설탕처럼 녹아든다'고 말한다. 반면, 자기보고식 MBTI에 불신을 표현하는 사람 또한 많다. 또 16가지 유형 안에 분류된다는 점에 거북함을 느끼는 사람도 많다. 이는 마치 MBTI를 문제집 뒷면에 붙은 요약집으로 속성공부를 끝낸 사람들의 편견일 수 있다. MBTI의 국내의 검사지는 성인대상 FormM, FormQ 청소년을 위한 CATi로 나뉜다. FormM은 4가지 선호 지표를 구성으로 하는 것으로 16가지 유형을 구분하였지만 FormQ는 16가지 유형뿐 아니라 추가로 20개의 다면 척도를 가지고 백만 명 이상의 사람 중에 독특한 사람임을 알 수 있다. 즉, 같은 ISTJ 유형임에도 20개의 상세 척도를 통해 서로의 다름을 알 수 있다. 그리고 국내에는 아직 반영되지 않은 서술형 보고식 검사지도 있다.

Step 1	Step 2	Step 3	어린이 청소년
Form M	Form Q	국내 미반영	CATi
– 93개 문항 – 4가지 선호 지표 – 16가지 유형 – 선호 분명도 지수로 확인	– 144개 문항(FormM 문항 포함) – 지표마다 5개의 척도 (총 20개 다면척도) – 백만 명 이상의 사람 중 독특한 사람 – 유형별 범주, 선호 내/외, 중간범위	– 222개 문항 – 문장형 서술형 보고 – 정서적 안정감과 충족성 척도	– 51개 문항 – 16가지 유형 – 선호 분명도 지수로 확인 – 문해력이 초등 3학년~ 중 3학년

또 많은 사람들의 오해가 "저는 외향형인데 낯을 가려요. 그럼 내향형이 아닌가요?"라고 묻는 경우다. 반대로 내향형이라고 해서 항상 내향적인 방식으로만 행동하지도 않는다. 우리는 양극화된 지표 중 하나를 더 일관되게 많이 선택할 뿐이다. 그것이 반복되면 성격의 패턴을 이루는 것이다. 칼 융은 "사람의 성격이 N극과 S극처럼 양쪽 대극을 동시에 사용할 수 없기 때문에 어느 한 쪽을 다른 쪽보다 더 일관되고 자주 선택하게 되는 것이다"라고 했다. 요약하면, 결과가 'E' 외향형으로 결과가 도출되어도 반드시 외향형의 모습만 보이는 것이 아니라 더 쉽고 자주 선택하는 모습이 외향형이라는 것이다. 그래서 당신은 "ISTJ 유형이라 꼼꼼하겠다"라는 표현으로 상대를 평가, 판단, 일반화하기보다는 같은 유형임에도 다를 수 있다는 것을 인식하여 "~하는 편이다" 혹은 "~하는 경향이 있다" 등으로 표현하기를 권장한다.

너와 난 N극과 S극, 4가지 지표별 차이

에너지방향, 외향형(E) ↔ 내향형(I)

에너지방향은 사람들이 가장 쉽게 이해하는 지표로 흔히들 내향형은 소수와의 관계를 선호하는 반면 외향형은 다수와의 관계를 선호하는 경향이 있다 보니 단순히 외향적인, 내성적인 사람으로 오해하는 경우가 있다. 여기서 에너지방향 지표는 어떤 환경에서 에너지가 충족되는가를 구분하는 지표라고 볼 수 있다. 예컨대 당신은 어떻게 스트레스를 푸는가? 외향형은 주위 사람들의 위로와 격려로부터 에너지를 충전 받는 경향이 있는 반면 내향형은 잠을 자거나 영화를 보며 머릿속을 비우거나 혼자 생각을 정리하면서 에너지를 충전하는 등의 차이를 보인다. 그러나 연령이나 환경이 변하면서 자신의 모습에 혼용이 되거나 헷갈릴 수 있는데 이처럼 에너지방향 지표는 환경에 따라 변화할 수 있는 지표이기도 하다.

#말 vs 글의 편의성

SNS 이용 수치를 비교한 결과, 외향형이 내향형보다 SNS 게시물 업로드 빈도수가 높은 것으로 나타났다(홍익대학교 량루이, 2020 논문 인용). 자신의 생각을 드러내는 것을 선호하는 외향형은 회의 장소에서도 그 존재감이 드러난다. 회의에서 평균 2초 만에 생각을 거침없이 표현하는 외향형은 평균 7초 만에 머뭇거리며 다소 작은 목소리로 답하는 내향형의 표현력에 자신감이 부족하다고 느낄 수 있다. 내향형은 자신의 생각이 정리되기 전엔 말로 내뱉는 것이 어렵기 때문이다. 반대로 말을 통해 생각을 정리하는 경향이 있는 외향형은 모두가 침묵을 지키는 숙연한 자리에서 "있잖아. 나는 이렇게 생각해"라며 종이 대신 소리로 채우는 모습이 보이기도 한다.

이 모습이 글을 사용하는 데 있어서는 반대가 된다. 글에 강한 내향형은 자신의 생각을 글로 표현하는 것이 더 수월한 반면, 외향형은 말로는 잘 해왔던 표현을 글로 옮기는 것이 수고스럽게 느껴질 수 있다.

#외향형과 내향형의 다른 표현법

내향형은 회사 일로 의논을 하고자 외향형 동료에게 약속을 청한다.

내향형: "오늘 의논 드릴 게 있어서 술 한잔 어떠세요?"
외향형: "그래요. 오늘 할까요?"

언제나 살갑고 적극적으로 경청의 자세를 장착하고 나온 외향형 동료는 자리에 앉자마자 자신의 이야기로 시작한다. 그렇게 시간이 흐르고 헤어질 때쯤 "오늘도 내가 다 이야기했네. 다음엔 꼭 얘기 좀 많이 해주세요"라며 자리가 마무리된다. 둘 다 헤어짐이 찜찜하다. 내향형은 '질문을 해줘야 내가 말을 할 텐데…'라며 꺼내지 못한 말을 아쉬워하고, 외향형은 '내 이야기를 이렇게나 많이 꺼냈는데 왜 얘기를 안 하지? 내가 너무 말이 많았나?'라며 듣지 못한 것을 아쉬워할 수 있다.

외향형과 내향형에게 어떤 차이가 있을까? 외향형은 자신이 오픈한 만큼 상대도 표현할 것이라 믿었고, 내향형은 자신이 발언할 수 있도록 질문을 기다리고 있었을 것이다. 이렇게 대화의 분위기 조성 방법이 다른 것을 알 수 있다. 이뿐 아니라 외향형은 표정, 손짓을 총동원하여 자신의 의사를 적극적으로 어필하는 편이다. 반면, 내향형은 절제된 말과 조심스러운 행동으로 그의 말에 귀 기울이고 집중하는 편이다. 또한 내향형은 외향형보다는 자기중심적이기 때문에 '나'라는 표현을 많이 사용하는 편이고, 외향성은 '우리'라는 표현을 주로 사용하는 것도 차이점이라 할 수 있다.

사무실에서 선호하는 자리

사무실에서 편한 자리를 고르라면 내향형은 주로 구석지고 오롯이 업무에만 집중할 수 있는 자리 혹은 사람들 눈에 띄지 않아 거리가 유지되는 공간을 선호하는 편이다. 반대로 외향형이라고 완전히 노출된 입구 쪽 자리를 선호하는 것은 아니지만 그렇다고 너무 격리

된 자리에선 답답함을 느낄 수 있다. 업무에 극도로 집중하는 시기가 아니라면 동료들의 상황파악이 가능하거나, "하. 너무 집중을 오래 했네", "이제 일에 좀 집중해 볼까나"라는 혼잣말일지라도 공유가 될 수 있는 적당한 거리를 선호하는 편이다.

#집(휴식)에서의 나의 모습

온전한 휴식 공간인 집에선 내 가족이 기다리고 있다. 외향형은 오늘도 사랑하는 가족과 일상을 공유하고 싶어 한다. 그러나 내향형은 아무리 가까운 관계라도 자신만의 공간이 보장되길 바란다. 혹자는 집에 들어가기 전 자신의 차 안에서 시간을 보낸다고 고백한 적이 있다. "야근하고 들어가는 줄 알지만 사실 차에서 밥을 먹거나 영화를 보는 등에 시간을 보내곤 해요. 집에서조차 소모되는 나를 느끼거든요"라며 혼자만의 공간이 필요하다고 말한다. 이 특징은 대화에서도 두드러진다. 내향형은 "제발 10분만 조용히 좀 있자"라고 말하는 반면, 외향형은 "왜 말을 안 해! 내가 잡아먹니? 얘기 좀 하자니까"라며 관계도 스트레스도 대화로 풀고 싶어 하는 등의 차이를 보인다.

"그래요. 우리 터놓고 이야기 해봅시다."　　　　"우리 생각을 좀 해보자고요."

외향(E)	내향(I)
· 타인에게 먼저 다가감 · 다수 다양한 관계를 선호 · 행동한 후에 생각 · 말로 표현하는 것을 좋아함	· 타인이 다가오는 것을 기다림 · 소수와의 밀접한 관계를 선호 · 생각한 후에 행동 · 글로 표현하는 것을 좋아함

성공적인 협업을 위해 서로 기억하기

* 외향형 → 내향형에게

흔히 외향형이 생각하는 내향형에 대한 배려는 먼저 다가가는 것이라고 말한다. 예를 들어 회의에서도 "어떻게 생각해요?"라고 질문하거나 처음 만난 자리에서 내 얘기를 오픈함으로써 상대와 가까워질 수 있다고 생각한다. 하지만 내향형은 본인의 생각을 말하는 것도 가까워지는 것도 시간이 필요하다. 그래서 깊은 관심을 갖기 전 먼저 기다려 주는 것이 필요하다. 회의에서도 내향형에겐 반드시 생각을 준비할 시간이 필요하다. 그래서 회의 주제를 사전에 공유한 후 회의하는 것이 효과적이다. 또, 회의시간엔 먼저 의견을 내뱉기보단 각자의 생각을 적은 후 의견을 공유하는 브레인 라이팅(brain writing) 방식의 회의가 더 효과적일 수 있다. 그리고 만약 내향형과 깊이 있는 대화를 원한다면 그의 생각이 어떤지 질문하는 것이 효과적이다.

* 내향형 › 외향형에게

내향형들의 흔한 착각은 '말하지 않아도 알아줄 거야. 이 정도면 알겠지'라는 생각이다. 반대로 외향형에게 말은 '내 마음의 크기를 전달하는 것'이라서 자신이 원하는 것이 있을 땐 주저 없이 표현한다. 그래서 내향형이 말을 아끼는 진중한 모습이 그들에겐 솔직하지 못한 모습으로 해석될 수 있으므로 우리의 생각을 차곡차곡 모으지 말고 그때그때 표현할 필요가 있다. 만약 생각의 정리가 필요하다면 "저는 생각할 시간이 더 필요합니다"라고 당신의 상황을 알리는 게 좋다. 생각해 보면 외향형은 버퍼링의 순간에도 늘 자신의 상황을 알리고 "너무 집중했네. 이제 좀 쉬어 볼까?", "헉! 파일이 날아갔다" 등으로 그들의 업무 현황을 공유하고 있지 않은가. 또 내향형은 외향형에 비해 상대적으로 목소리가 작을 수 있다. 목소리는 직장에서 업무에 대한 자신감과 열정으로 해석되는 경우가 종종 있다. 그러므로 자신이 주장을 힘 있는 목소리로 자신 있게 표현하는 것도 직장 생활에서 필요한 역량이 될 수 있다.

인식기능, 감각형(S) ↔ 직관형(N)

인식기능은 정보를 어떻게 받아들이는가에 있는데 감각형은 주로 내가 직접 보고, 듣고, 만진 것 등 오감(Sensing)으로 인식하여 정보를 받아들인다. 반면 직관형은 육감(Intuition)으로 의미를 받아들인다. 인식기능은 4가지 지표 중 서로의 차이를 가장 많이 발견하게 되는 지표이기도 하다. 이 지표가 다를 경우 같은 상황 다른 느낌을 받을 수 있다. 예를 들어 가까이서 나를 본 것 같은데 눈을 피하며 인사를 하지 않은 동료가 있다. 감각형은 '인사를 안 하네. 나를 못 봤나?'라고 경험한 그대로를 받아들이는 반면 직관형은 '나를 볼 수 있었을 텐데 나를 모른 척 한 건가?'라며 자신의 느낌이 반영된 현실을 해석하기도 한다.

#경험을 인식하는 방식

서로 다른 유형이 일간 보고를 한다고 가정해 보자. 상사가 오늘은 어떤 업무를 했는지 묻는 질문에 감각형 직원은 9시부터 자신이 한 일을 나열한다. "9시엔 A 업체에서 받은 회신 메일을 확인하였는데, 긍정적인 답변을 주었습니다. 그리고 10시엔 경쟁사 분석을 위해 A, B, C 고객사 업체와 전화 인터뷰를 진행했고 이러저러한 답변을 주었습니다"라며 마치 오늘의 영상을 켜 놓은 것 같이 세세히 시간대별로 말할 것이다. 반면 직관형 직원은 "오늘 제가 A 거래처를 만나서 100만 원 계약을 성사시켰는데요. 여기가 연 매출 100억 하는 기업으로 앞으로의 계열사 계약까지 기대하면 1억 원대 수익까지 기대할 수 있는 기업입니다"라며 경험한 사실에 의미를 덧붙여 설명하는 모습을 보일 수 있다. 이렇게 서로 다른 시야를 가진 두 사람은 마치 자석의 S-N극을 보는 느낌이 들 수도 있다.

새로운 업무를 받아들이는 자세

새로운 것을 만들어내야 하는 미션이 떨어졌다. 감각형, 직관형 직원 모두 긴장을 한다. 감각형에겐 새로운 것을 만들어낸다는 것이 쉽지 않다. 사실을 추구하는 감각형에게 없던 것을 만들어내는 것은 불안과 긴장을 준다. 그래서 이전에 했던 프로젝트 기획안을 펼쳐 놓고 고민한다. 이내 기존에 틀에서 몇 가지를 접목해 응용하는 방식으로 아이디어를 만들어 나가는 편이 수월할 수 있다. 예산이나, 장소, 규모 등을 바꿔 해보는 것이다. 대신 만들어 낸 아이디어에 빈틈이 없다. 되도록 현실성을 고려하여 기획하기 때문이다.

반면, 직관형에겐 새로운 것에 도전하는 설렘의 긴장이다. 어떻게 하면 사람들이 놀랄만한 혁신적인 아이디어로 기존과 다르게 할 수 있을까 생각하며 이상적인 목표를 세워 도전한다. 생각의 가능성을 열어둠으로써 어디로 튈지 모르는 몽상가 같은 생각을 하기도 한다. 이 생각을 멈출 수 있는 건 기한뿐! 기한이 없었더라면 생각이 꼬리에 꼬리를 물어 생각을 끊기가 어렵다. 이렇게 많은 생각으로 도출된 아이디어는 기존에 없었던 새로운 시스템을 탄생시켜 주변을 놀라게 할지 모른다. 다만, 실행단계에서 예상치 못한 위험 요소에 걸려 넘어 질 수 있다.

#업무를 숙지하는 방법

직관형은 업무가 주어지면 이 업무를 구조화하여 인식한다. 머릿 속에 마인드맵을 그리듯이 일을 하기 때문에 업무가 한눈에 들어오 고 적응력도 빠른 편이다. 반면 세부적인 내용까지는 인식하기 어려 워 빈틈이 발생한다. 반면, 감각형은 매뉴얼을 기록하듯 순간순간을 포착하다 보니 적응시간은 오래 걸릴 수 있으나 세부적인 내용까지 철저히 파악하여 위험성을 줄인다.

#서로 다른 의사 표현

〈냉장고를 부탁해〉라는 TV 프로그램에서 BTS의 진과 지민이 출 연해 크림 스프의 맛을 표현하는 장면이 있다. 직관형인 진은 "제 눈 앞에 목장이 펼쳐졌어요. 소가 '음메~' 하고 울었어요"라며 맛을 추 상적이고 상징적으로 표현한 반면, 감각형인 지민은 "되게 고소한 우유 맛이 나는데 먹어본 스프 중 제일 맛있는 것 같아요"라고 미각 이 느낀 그대로를 경험치와 비교해 상세히 표현했다. 이렇게 직관형과 감각형의 의사 표현은 많은 차이를 보인다.

대표적인 작가의 작품을 보면 이해가 더 쉽다. 감각형의 대표적인 작가 어니스트 헤밍웨이는 《노인과 바다》 작품에서 노인이 만난 청새치를 묘사하는데 "길이는 약 5.5m, 무게는 700kg이나 되는 청새치'라며 생생하고 상세하게 묘사한다. 반면 직관형의 대표적인 작가 생떽쥐베리의 《어린왕자》에는 "밤에 하늘을 바라볼 때면 내가 그 별들 중에 하나에 살고 있을 테니까 내가 그 별들 중 하나에 웃고 있을 테니까 모든 별들이 다 아저씨에겐 웃고 있는 것처럼 보일 거야"라며 의미를 담아 표현했기에 단번에 이해하기는 어려울 수 있다.

직장생활에서도 같은 상황을 보고 다른 표현을 하는 모습이 자주 발견된다. 매출 상승을 표현하는 보고서에서 감각형은 "150%가 올랐네요"라고 있는 그대로를 인식하고 수치에 민감하게 반응하는 반면, 직관형은 "어려운 환경에도 상승한 매출에서 조직의 체계적인 시스템이 엿보입니다"라며 보고서에 담긴 의미를 해석하는 모습에서 두 유형의 차이를 알 수 있다.

"그래서 지금 상황이 어떤대요?"	"전체적으로 흐름을 보면요, 만약 앞으로 이렇게 되면요."
감각(S)	**직관(N)**
· 세밀한 부분을 잘 감지 · 실제적인 정보를 선호 · 구체적인 경험을 선호 · 차례대로 한 단계씩 일함 · 사실을 추구하고 낮은 상상력 · 현실 중시	· 전체적인 맥락을 잘 감지 · 영감을 얻을 수 있는 정보를 선호 · 포괄적인 개념을 선호 · 언제든지 건너뛸 수 있고 비약함 · 의미를 추구하고 비현실적, 변덕 · 미래 중시

성공적인 협업을 위해 서로 기억하기

* 감각형 → 직관형에게

가끔 직관형의 설명을 이해 못 하는 자신을 탓한 적이 있는가. 설명이 아닌 요약으로 직관형의 뜻을 이해하는 건 짐작이란 표현이 맞을 것이다. 두서없는 이야기 말미에 "느낌 알겠죠?"라며 이해를 강요하는 느낌이 드는 것 또한 당연하다. 이런 상황에서 당신이 "뭔 말인지 모르겠는데요?"라고 말하고 싶겠지만 그러면 둘은 답답한 평행선 관계가 유지될 수 있다. 상세하게 표현 잘하는 감각형 당신이 "여기까지 이해했어요. ~하다는 말씀이시죠?"라고 정리해주면 보완의 관계로 발전할 수 있다.

반대로 너무 세부적인 것까지 언급하는 당신의 설명에 직관형은 답답해하고 있을지 모른다. '대체 그래서 어쨌는데, 요점이 뭐야'라며 결론을 기다리다 딴생각에 빠져있을 수 있다. 이럴 때 두괄식으로 말해주면 직관형은 더 빠르게 내용을 캐치할 수 있을 것이다.

* 직관형 →감각형에게

감각형에게 정확한 의사전달이 안 될 때 자신의 부족한 의사소통 능력을 탓한 적이 있는가. 당신의 깊은 생각을 요약된 설명만으론 전부 이해하기 어려울 수 있다.

> 직관형: "지난주에 다녀온 A 거래처 말인데요. 좀 불친절하지 않았어요? 매너가 좀 없었죠."
>
> 감각형: "어떤 부분에서요?"
>
> 직관형: "무뚝뚝한 표정에 설명도 건성으로 듣는 것 같고, 차도 한잔 못 얻어먹고 왔잖아요."
>
> 감각형: "마지막에 건하긴 했는데 그냥 무안해서 우리가 거절하지 않았나요?"

말에 핵심보단 진위 여부에 관심이 있어 보이는 감각형과의 대화가 답답하게 느껴질 수 있다. 반대로 '정확한 정보'를 기반으로 인식하는 감각형에게는 애매모호한 말은 공감하기 어렵다. 감각형과의 원활한 소통을 위해서는 경험에 대한 묘사, 사례, 근거를 준비해 말하는 것이 필요하다. 당신의 말에 무게를 더하기 위해 '왜냐하면', '예를 들어'라는 접속사를 사용하는 것을 추천한다.

판단기능, 사고형(T) ↔ 감정형(F)

결정을 내리기 위해선 자신이 우선순위로 생각하는 가치가 반영되기 마련이다. 이때 영향을 미치는 판단기능은 옳고 그름을 중요하게 생각하는 사고형, 감정의 좋고 싫음을 중요하게 여기는 감정형으로 구분한다. 다음은 판단기능이 다른 부부가 많이 부딪히는 장면이다.

감정형 아내가 동네 주민의 이혼 속사정을 사고형 남편에게 전달한다. 들은 척 마는 척하는 남편에게 "듣고 있는 거야?"라고 말하니 남편은 "그걸 왜 얘기하는 거야?"라고 답변한다. 아내는 자신과 같은 감정을 공유하고 싶었으나, 말의 목적을 묻는 무미건조한 남편 대답은 할 말을 잃게 한다. 이렇듯 사고형과 감정형은 서로에게 다른 것을 원하는 경우가 많다. 이것은 직장에서도 그대로 반영된다. 기존 업체를 뒤로하고 신규 업체와의 계약을 검토하던 두 사람은 이렇게 묻는다. 이성적인 사고형은 "이게 맞는 판단인 거죠?"라며 공정하고 근거 있는 판단이었는지를 묻는다면, 관계적인 감정형은 기존 거래처 사장님의 얼굴을 떠올리며 "꼭 그렇게까지 해야 했나요?"

라며 판단을 유보하고 가슴 아파하는 모습을 보일 수 있다.

#회의를 시작할 때 서로 다른 분위기

오랜만에 팀원끼리 회의를 시작할 때 감정형은 PC만 마주하다 본 동료의 얼굴이 반갑게 느껴져, 소소한 이야기들로 부드러운 회의 분위기를 만들고 싶어 한다. 반대로 칼퇴근을 위해 달리던 과업 중심의 사고형들은 회의시간으로 인해 브레이크가 걸렸다. 금쪽같은 시간을 쪼개어 회의를 참여한 만큼 업무적인 의미가 있기를 바란다. 그래서 소프트한 분위기를 향한 노력이 잡담으로 느껴질 수 있다. 사고형 중에서도 행동양식이 판단형(J)인 이들은 자신의 계획에 차질이 생길까 두려워 감정형의 대화의 끊고 본론으로 들어가 버리기도 한다. 반대로 감정형은 사고형의 이런 모습을 보고 마치 무미건조한 사막을 떠올릴 수 있다.

#의견이 달라 갈등이 생길 때

판단의 기능이 다른 이들은 선택의 기준이 달라 가끔 부딪힐 수 있다. 이때 서로의 표현 방법 때문에 관계적 갈등을 유발되기도 한다. 사고형들만 모인 회의실에서 밖으로 새어 나오는 소리를 들을 때면 가끔 싸우는 게 아닌가 하는 생각을 하게 한다. 사고형들의 동료들이 서로 다른 생각에 부딪힐 때면 자신의 의견을 관철하려 노력한다. 그러다 보면 서로의 목소리를 높이게 되는데 이 과정이 사고형에겐 '과정'이겠지만 감정형에겐 '사건'으로 크게 느낄 수 있다.

반면, 감정형은 의견이 다를 때 상대의 의견을 이해하려 노력한다. 그래서 자신에게 크게 중요하지 않을 경우엔 굳이 마찰을 일으키지 않는 편이다. 자신에게 중요한 사안일 땐 나름의 의견을 피력하는데 "아~ 김 프로님 말 전적으로 공감해요. 근데 A의 ○○부분이 좋은 것 같아요"라고 우회적으로 표현해 상대가 알아채지 못할 수도 있다. 반대로 사고형은 자신이 생각한 의견과 다를 때 정확히 표현하려 한다. "제 생각은 좀 다릅니다. B가 ○○부분 때문에 적합한 것 같은데요"라고 직접적인 표현을 해 가끔 감정형은 섭섭함을 느끼기도 한다. 회의가 끝난 후 사고형은 아무 일 없었다는 듯 점심을 먹으러 가자고 제안하지만 이내 기분이 상한 감정형은 약속이 있다며 조심스럽게 그 자리를 피할 수 있다.

#판단의 기준이 되는 기능 이성 vs 가치

판단을 내릴 때 서로 다른 우선순위로 다른 결정을 할 수 있다. 사고형은 아무리 친한 동료가 한 부탁에도 적절하지 않을 경우 정중히 거절한다. 이는 '맞고, 틀림'을 우선순위로 두기 때문이다. 반면 감정형은 '좋고, 싫음'이 반영된다. 아무리 무리한 부탁이라도 어려운 사람이거나 호감 가는 사람의 부탁은 거절이 힘들다. 그래서 평소 거절을 하지 못한 감정형들이 자신의 일을 뒤로한 채 타인을 도와주는 모습을 보면 사고형은 감정형에게 "왜 이렇게 실속을 차리지 못하느냐"고 다그칠 수 있다. 그래서 실제로 사고형 중에서도 ET(외향적이면서 사고형) 기능을 가진 사람은 일을 잘하지 못하는 사람과는 일을 못하는 경향이 있다. 그리고 EF(외향적이면서 감정형) 기능을 가진 사람은 상대에게 인정받고자 하는 욕구가 많다.

#상대에게 의사를 전달하는 목적

동료가 헤어스타일을 바꿨다. 그런데 예전 머리보다 별로일 때 당신은 어떤 반응을 보이겠는가.

> 사고형: "단발로 잘랐네~ 봄이라서 잘랐구나(예전 머리가 더 잘 어울렸는데...)."
> 감정형: "(좋은 점을 찾아) 단발로 잘랐네~ 훨씬 분위기 있어 보인다(혹시 남자친구랑 헤어졌나?)."

없는 소리는 절대 못 하는 사고형은 마음에 없는 소리는 안 한다. 이런 상황에서 어떤 칭찬이라도 꺼내 줘야 할 것 같지만 그럴 경우 안 어울리는 헤어스타일을 고수할 수 있기 때문이다. 반대로 감정형은 단발로 자른 심경이 궁금해지면서 어떻게든 좋은 점을 찾아 비행기를 태워준다. 이는 머리를 자른 당사자의 기분까지 헤아리기 때문이다. 이렇게 상대에게 도움이 되기를 바라는 마음의 사고형, 상대의 기분을 알아주고 싶은 감정형의 마음이 담긴 대화 방법이다.

"이것이 맞는(최선의) 판단인가요?"

사고(T)
· 냉정하게 행동하고 거리를 둠
· 무정한 사람처럼 보임
· 논쟁과 토론을 좋아함
· 핵심에 곧바로 접근
· 감정을 배재한 공정하고 단호한 어조

"꼭 그렇게까지 해야 하나요?"

감정(F)
· 따뜻하고 우호적으로 행동
· 민감하게 반응
· 논쟁과 토론을 피함
· 잡담으로 시작함
· '가치'를 담은 단어를 많이 사용

성공적인 협업을 위해 서로 기억하기

* 사고형 → 감정형에게

업무시간에 나누는 감정형과의 대화는 잡담처럼 느껴질 때가 있을 것이다. 이때 감정형에게 대화란 단순히 정보를 주는 것이 아니라, 마음을 주는 것임을 기억하자. 감정형은 관계에 예민하게 반응한다. 관계를 이어가는 것도 공적인 일이라 생각한다. 왜냐하면 동료와의 합이 맞지 않으면 업무성과가 저하된다는 것을 알고 있기 때문이다. 감정형에겐 관계도 일에 일부다. 그래서 대화를 할 때는 먼저 감정형과 눈을 맞추고 미소 섞인 목소리로 부드럽게 말하는 자세가 필요하다. 그렇지 않으면 당신은 눈치채지 못하겠지만 티 안 나게 당신과의 대화를 피할 수도 있다.

* 감정형 ⟶ 사고형에게

대화의 목적성이 뚜렷한 사고형의 무미건조한 말들에 감정형은 상처를 받을 수도 있다. 이들은 왜 이렇게 아프게 말하는 것일까? 팀장과의 관계로 힘들어하는 감정형 프로가 사고형 프로에게 찾아가 불만을 털어놓는다. 이때 평가사라도 된 듯 사고형 프로는 과실을 평가한다. "상사도 잘못했지만 감 프로가 그런 일을 만들지 말았어야지"라고 나무라며 상처받은 감정형 프로의 상처를 더 쓰라리게 만든다. 이 말에 감정형 프로는 사고형 프로가 나를 싫어하는 건 아닌지 의심하며 2차 상처를 받을 수 있다. 그러나 사실 사고형의 말은 '소독약'과도 같다. 사고형은 관심 밖에 있는 사람의 이야기를 듣는 행위 자체가 시간 낭비라 생각하기 때문에 듣지도 않았을 것이다. 그럼에도 불구하고 이런 아픈 말을 내뱉는 이유는 좋은 결과를 위한 것이다. 사고형 프로의 목적은 하나다. 팀장님과 잘 지내서 덜 힘들었으면 하는 것이다. 그러니 그들의 말에 상처받는 대신 마음을 듣는 것이 필요하다.

행동양식, 인식형(P) ↔ 판단형(J)

고기를 좋아하는 아내, 채식주의자 남편이 만나면 생활에서 불편함을 느끼게 될 수 있다. 이처럼 오랜 시간 함께하는 동료와 행동양식이 맞지 않으면 생활에 불편함을 겪을 수도 있다. 자율적이며 융통성을 가지고 행동하는 인식형과 분명한 목적성을 갖고 계획적으로 행동하는 판단형은 행동 패턴에서 차이점을 나타낸다. 이 차이는 계획한 대로 실행되지 않았을 때 그 반응을 통해 다름을 느낄 수 있다. 인식형은 "그럴 수도 있지"라며 뜻대로 되지 않은 상황을 이해하려 하며 융통성 있게 받아들인다. 반면 판단형은 자신이 착오 없이 수행했기에 "그럴 리가 없는데"라며 뜻대로 되지 않은 상황을 부정하는 모습을 보인다. 마냥 느긋하게 보이는 인식형이 답답해 보일 수 있고, 너무 통제하려는 듯한 판단형이 숨 막히게 느껴질 수 있다. 이렇게 서로 다른 둘이 업무를 하게 됐을 때 서로의 이해되지 않는 행동에서 스트레스를 받을지 모른다.

#일을 시작하는 시점

다음 주까지 박람회 준비를 완료해야 한다. 기획서 작성부터 참여자 모집, 장소 예약까지 하나하나 챙겨야 한다. 이때 판단형은 이 많은 일을 한꺼번에 하려면 누수가 생길 수 있다는 것을 알기에 미리

미리 준비하고 마지막 점검까지 해야 마음이 편하다. 매일매일 해야 할 일들을 균등히 배분하여 일일 계획표를 짠다. 하루하루 계획을 실천해 나갈 때마다 성취감과 기쁨을 느낀다.

반면, 인식형은 자신의 초인적인 힘을 발견할 때 기쁨을 느끼는 듯하다. 박람회까지는 아직 7일이나 남았다. 어차피 남은 168시간 중 이 일을 처리하는 시간은 18시간밖에 되지 않는 것을 알고 있다. 그래서 이들에겐 중요하지만 시급한 일은 아니다. 시급하지 않은 일은 손에 잡히지 않기 때문에 150시간 동안은 여유를 즐긴다. 그러다 전날이 되자 갑자기 정신이 번쩍 들면서 초인적인 집중력을 발휘해 10시간 만에 일을 끝내 버린다. 그러다 보니 숭덩숭덩 구멍이 보이기도 한다.

#기쁨을 느끼는 순간

판단형은 자신이 계획한 바를 완벽히 끝냈을 때 희열을 느낀다. 반면, 새로운 것에 흥미를 느끼는 인식형은 프로젝트를 시작할 행위 자체에서 설렘을 느낀다. 일하는 과정에서도 목표지향적인 판단형은 예상치 못한 문제가 발생하면 결과에 영향을 미칠까 봐 불안감을 느낀다. 좋은 성과라는 목적을 위해 달리는 모습이 마치 경주마와 같다. 이렇게 업무를 추진하는 과정에서 위험 요소를 통제하고 계획대로 실천하기 때문에 결과물이 좋은 것은 어쩌면 당연한 일이다.

반면, 과정 지향적인 인식형은 과정에서의 행복감을 하나하나 느끼려 한다. 갑작스럽게 닥친 문제를 해결하면서 끈끈해진 동료애, 시행착오를 겪으며 성장하는 자신의 모습 등 이 모든 것이 결과만큼이나 중요하고 의미 있는 에피소드이다. 그래서 이 모든 순간을 즐기느라 다소 결과물이 늦어질 순 있지만 일에 대한 만족감은 높은 편이다.

'마감'이라는 같은 말 다른 의미

판단형 팀장이 인식형 직원에게 "A 거래처 데이터 좀 정리해줘요"라는 부탁을 한다. 이때 인식형 직원이 호탕하게 "네 알겠습니다"라고 대답한다. 1시간 뒤 결과물이 올라오지 않아 답답한 팀장은 직원에게 묻는다. "다 됐나?"라는 질문에 직원은 "당장 필요하신 거였어요? 지금 오늘까지 드리기로 한 B 거래처 보고서 작성 중이었어요"라고 말해 팀장님을 당황하게 만든다. 둘 다 명확한 시점을 언급하진 않았지만 "YES"라는 답변의 의미를 팀장은 '지금 당장'이라고 받아들였다. 하지만 직원은 수행하겠다는 의사를 밝힌 것뿐 '지금'이라는 표현은 하지 않았다. 이처럼 항상 여유 있는 인식형은 기한보단 수행에 의미를 두는 편으로 마감 기한 안에만 마치면 된다고 생각하는 편이다. 반면 판단형은 카톡이나 이메일을 읽지 않고 쌓아두는 것이 가시방석 같다. 일을 처리할 때도 쌓여있는 일은 생각만으로도 스트레스이다. 그래서 기한이 남았어도 최대한 빨리 일을 처리해야 다음 일에 대한 또 다른 대비가 가능하다. 이처럼 두 사람의 시작 시점과 종료 시점이 서로 다른 편이다.

#결정을 내리는 시점

결정을 미루면 일은 늦어진다. 결정은 실천력을 좌우하기에 성격 급한 판단형은 빠른 결정을 기다리고 있다. 회식 장소를 고민하는 인식형 팀장은 판단형 직원을 애타게 한다. "횟집과 고깃집 중 어디가 좋을까? 횟집이 괜찮을 것 같긴 한데, 고민 좀 해 봅시다"라는 애매한 결정을 듣고 직원은 초조해지기 시작한다. 고민하는 동안 횟집에 예약이 꽉 찰 수도 있기 때문이다. 반면, 인식형 팀장은 빠른 결정보다 최고의 결정을 내리고 싶어 한다. 그래서 최대한 결정을 지연시켜 하루 전 부리나케 횟집으로 결정을 내린다. 그리고는 갑자기 당일 "안 되겠다. 술 못 먹는 사람들을 생각 못 했네. 고깃집으로 합시다"라며 결정을 번복한다. 판단형 직원은 예상치 못한 팀장의 번복에 참을 수 없는 화를 느낀다. 왜냐하면 오늘 고깃집을 가지 않을 생각으로 좋은 옷을 입고 왔기 때문이다. 인식형 팀장에게는 전화 한 통만 다시 하면 될 간단한 일이겠지만 판단형 직원은 우유부단한 팀장의 모습에서 고개를 젓는다.

판단(J)	인식(P)
· 명확한 순서와 구조를 선호 · 결정을 신속히 내림 · 목표 지향적 · 마감일과 계획을 적극적으로 운영 · 시간이 정확히 지켜지길 원함 · 그럴 리가 없는데	· 자연스러운 흐름을 선호 · 결정을 지연 · 과정 지향적 · 최후의 임박한 순간에 마감을 마침 · 시간의 변경에 대해 융통성이 있음 · 그럴 수도 있지

성공적인 협업을 위해 서로 기억하기

* 인식형 → 판단형에게

지금 내 뒤에서 나의 결과물을 기다리고 있는 판단형이 보이는가. 바로바로 일을 시작하는 판단형에 업무가 차질이 빚어진다면 관계까지 멀어질지 모른다. 그렇다고 인식형에게 일을 당장 시작하라는 것도 비효율적이다. 이들이 집중하면 1시간 걸릴 일을 5시간 동안 잡고 있을 수 있다. 그래서 서로의 업무 생산성을 높이기 위해선 인식형의 적극적인 표현이 필요하다. 인식형은 자신이 언제부터 일을 시작할지 미리 언급해 준다면 서로 눈치 보는 일을 줄일 수 있다. 만약 기한이 조금 늦어질 것 같다면 미리 그 사실을 통보하여 양해를 구하는 것도 방법이다. 무엇보다 제일 좋은 대안은 정해진 기한보다 빨리 제출하는 것을 목표로 잡는 일이다.

*판단형 ⋯⋯› 인식형에게

판단형은 늘 기한에 닥쳐 성급하게 일하는 인식형이 불안할 수 있다. 그래서 이들과 일을 할 땐 "이거 했어요?"라며 인식형을 자꾸 체크하고 감시하는 등 일을 재촉하는 상황이 만들어질 것이다. 그러면 인식형이 더 일을 잘 마칠 수 있다고 생각하기 때문이다. 그러나 판단형이 기억해야 할 것은 인식형은 자유로운 분위기에서 더 큰 능력을 발휘한다는 사실이다. 이들에게 규율과 통제는 창의력을 저해시키고, 업무의 생산성을 떨어뜨릴 수 있다. 다만 나의 불안을 잠재우고 싶다면 내가 생각한 기한보다 앞당겨 말해 한 번의 수정을 더 할 수 있는 시간을 확보하는 것도 좋은 방법이다.

CATEGORY 1.

전략기획팀

팀의 특징

전략기획팀은 경영진 보좌업무, 회의체 운영 그리고 경영실적, 손익 관리 등을 담당하는 팀으로 회사의 핵심부서다. 이 팀에 속한 이들은 꼼꼼한 업무처리가 특징이다. 주로 경영진과 커뮤니케이션이 필요해서 탁월한 소통 능력이 요구된다.

팀 구성원 소개

1. ISTJ
김신중 팀장

전략기획팀이 진지한 이유의 70%는 팀장 덕분(?)이다. 회의 전이나 회식 메뉴를 고를 때도, 심지어 복사할 때조차 진지하다. 그래서 어쩌다 보이는 그의 실수는 인간미 있는 매력으로 다가온다. 또 김신중 팀장의 승진 비결은 착실한 엉덩이 힘에 있다. 사무실에서 점심시간 외 자리를 비우는 경우가 드물다. '출근 알람'이라 불릴 만큼 언제나 출근 시간 30분 전 자리를 지키고 있다. 그래서 칼출근과 지각을 더욱 용납하기 힘들다. 일 못하는 건 참을 수 있지만 불성실함은 참을 수 없다.

* 특징: 흔히들 하는 간식 사다리 게임을 별로 좋아하지 않는다. 불공평할 수 있으니까.

2. ENFP
오로라 프로

사람이 참 좋다. 회사가 어떻게 돌아가는지 다 알만큼 '카더라' 통신이 공영
방송 급이다. 그만큼 회사의 흐름과 방향, 근무하는 직원들에 관심이 많다. 사
람들과 협업하며 일하는 것을 좋아하기 때문에 오로라 프로의 주변에는 웃음
이 끊이지 않는다. 밝은 표정과 긍정적인 말투로 소통하는 그의 존재감은 어
디서든 눈이 부시다. 한편, 그의 감정이 저기압 땐 사무실에도 비가 내린다.
감수성과 표현력이 풍부한 덕에 어느 날은 봄날에 꽃 피는 날 같다가도, 어떤
날은 끝없는 장마에 축 처진 코트 같은 날이 있다. 그의 기분은 출근할 때 만
나는 경호직원도 단번에 알아차릴 수 있다.

* 특징: 약속이 많아 같이 점심을 먹으려면 한 달 전부터 예약해야 한다.

3. ISTP
이실용 프로

문제를 빠르게 판단하고 처리한다. 평소엔 존재감이 크지 않지만, 위기 발생
시 엄청난 임기응변을 발휘한다. 문제를 예리하게 바라보고 전략적으로 대처
할 수 있기 때문이다. 이런 본인의 능력 때문인지 회사 분위기에 크게 동요되
지 않고 묵묵하게 자기 일을 하는 스타일이다. 그래서 만약 누군가 자신의 일

에 간섭하거나 강도 높은 관심을 가질 경우 불편함을 느끼곤 한다. 그는 기계나 장비를 잘 다루기도 해서 회사에 고장 난 기계를 도맡아 고치는 엔지니어로도 활동하는 투잡러다.

4. ENFJ
조배려 프로

말을 참 잘한다. 그래서 사내 행사가 열릴 때면 사회자를 도맡아 한다. 그중에서도 제일 잘하는 것은 칭찬이다. 도저히 장점을 찾기 힘든 동료라도 기어코 칭찬 거리를 찾아 비행기 태워주는 능력이 있다. 그래서 사람들은 그가 하는 칭찬이 가식이라고 오해도 하지만, 분명 진심이다. 단지 조금 과장을 보탰을 뿐, 덕분에 많은 사람과 급속도로 친해지는 특징이 있다. 게다가 과부하 걸린 동료를 그냥 지나치기 어렵다. 아무리 바쁜 일이 있어도 도와주고 같이 해나가는 게 팀이라고 생각한다. 그러나 약간의 잔소리는 동반될 수 있다.

* 특징: 무엇을 먹고 싶냐는 물음에 먹고 싶은 게 있어도 "너는 뭐 먹고 싶어?"라는 말이 자동으로 튀어나온다. 배려는 디폴드 값이다.

어느 날, 회의실에서 사장님과의 팀별 간담회를 준비하기 위해 전략기획팀의 김신중(ISTJ) 팀장, 오로라(ENFP) 프로, 이실용(ISTP) 프로, 조배려(ENFJ)가 회의실에 모였다.

오로라 프로: (침묵을 깨자니) 어제 ○ ○ 프로그램에서 조인성 봤어요? 정말 멋있더라.

조배려 프로: (보진 않았지만 맞장구는 쳐야겠기에) 조인성은 나이를 안 먹나 봐요!

김신중 팀장: (바로 본론으로 들어가는) 다음 달 사장님과의 간담회를 주최해야 하는데 장소, 간담회 방식, 회의 진행자 등을 알아봐야 할 것 같습니다.

조배려 프로: (팀장의 말에 느낌이 오는지) 이번에는 조금 새롭게 해보는 건 어떨까요?

오로라 프로: (맞장구치며) 매번 하던 식으로 말고 재미있는 콘셉트로요? 재미있겠네요!

이실용 프로: (보다 못해 현실적인 질문을 한다) 예산은 어느 정도인가요?

김신중 팀장: 그런 건 없어요. (본인이 이미 머릿속에 그려 놓은 구상을 상세히 논리정연하게) 장소는 15명 정도 들어갈 수 있고 한적하고 음식 섭취가 가능하며 프레젠테이션이 가능한 곳이면 좋겠어요. 이것은 조배려 프로가 맡아서 해줬으면 좋겠고 이건 이실용 프로가 하는 게… (중략) 다음은 상세 일정 계획을… (중략) 그럼 일단 이렇게 알아보고 이번 주 금요일에 다시 회의 진행합시다.

이실용 프로: (자신의 업무에 대해 꼭 필요한 말만 일은 효율적으로!) 그럼 시간이 3일밖에 안 남았네요. 혹시 이전에 담당하셨던 분이 누구시죠? 자료 좀 부탁드려요.

김신중 팀장: 이전 담당자는 자료 공유해주시고. 각자 준비해서 다음 회의 때 다시 의견 나눠봅시다. 그럼 회의는 여기서 마칠게요.

효과적인 협업 방법

#IST- 유형에게 제안합니다

ENF- 유형은 매일 만나는 사무실 동료라도 팀원이 모두 모여 소통을 하는 것은 오랜만이니 서로의 근황도 묻는 자연스러운 전개를 선호한다. 서로 독려하고 칭찬하는 분위기 속에서 아이디어가 더 방출될 수 있기 때문이다. 이들에게 현재 회의 주제가 아이디어 도출인지, 업무 추진인지 명확히 선 긋지 않으면 아이디어가 화수분처럼 끝이 날 줄 모른다. 그래서 주제를 명확히 하고 회의를 시작하자. 그들의 아이디어가 때론 현실 불가능한 이상적 의견일 때도 있고, 근거가 부족해 이해하기 어려울 수 있지만 간과할 수 없는 중요한 사안인 건 맞다. 현실주의인 우리가 들었을 때 반영할 수 있는 부분을 발췌해 실천한다면 성과는 극대화될 것이다.

#ENF- 유형에게 제안합니다

IST- 유형은 주제에 맞는 핵심적인 소통을 선호한다. 그래서 회의 전 나누는 스몰 토크가 잡담으로 들릴 수도 있다. 자유롭게 대화하는 시간, 업무 시간 등을 구분해서 진행할 필요가 있다. 우리의 아이디어가 IST- 유형에겐 농담과 진심 중 어느 쪽인지 헷갈릴 수 있다. 또 최선을 다해 나의 의견을 피력했지만 비약적인 설명 탓에 그들을 설득하기엔 역부족일 수 있다. 아이디어가 도출된 경위나 사례 등을 덧붙여 설명하면 좀 더 수용적인 태도를 대면할 수 있을 것이다. 그리고 내가 요청하고 싶은 부분이 있다면 "이것도 같이 좀 찾아보면 좋을 것 같아요"라는 애매한 요청보다는 "○○님이 여기까지 알아봐 주셨으면 좋겠어요"와 같이 명확한 의사전달이 필요하다. 돕기 싫어서가 아니라 요청한 것인지 모를 수 있기 때문이다.

ISTJ

일에는 빈틈없는,
김신중 팀장

유형의 업무 특징

: "회사 규정대로 시행합시다."

#뱉은 말은 책임을 져야죠

ISTJ 유형은 할 얘기만 하고 필요 없는 말은 하지 않아 전반적으로 조용한 편이다. '내향형이라서 그런 게 아닌가?'라고 생각할 수 있지만, ISTJ 유형의 과묵함은 신중함과 확실한 결과만을 신뢰하는 욕구가 만나 극대화된다. 이와 반대로 수다스러운 순간도 있다. 자신의 충분한 지식을 브리핑할 때다. 보고서와 관련된 인수인계를 할 때 코팅방법까지 전수한다. 인수인계를 받는 동료에게 "코팅기를 2분 정도 예열한 후 가장자리에 코팅지를 넣고 코팅을 해야 한다"라고 상세히 안내한다. 그래야 실수 없이 한 번에 업무를 처리할 수 있다고 생각하기 때문이다. 그 덕에 ISTJ 유형에게 업무를 배운 후배는 수월하게 일 처리가 가능하다. 다만, 너무 많은 정보를 한 번에 전달해 나중에 "그때 뭐라고 했었죠?"라고 재질문받는 경우가 생길 수 있다.

#다음 생엔 책임감이란 재능은 안 주셨으면 해요

지나치게 책임감 있는 자신의 모습에 지칠 때가 있다. 주어진 일에 처음엔 불만을 가질지언정 그것을 완수할 때까진 엄청난 책임을 갖고 임한다. 다른 유형들에게 책임감은 일에 욕심을 의미하는 경우가 많은데, ISTJ 유형에겐 맡은 일이 남들에게 책잡히는 게 싫은 마음일 때 더 크게 발휘된다. 그 점을 오해한 상사들은 우리에게 어려운 일, 중요한 일을 시킨다. 결과물이 평균 이상은 나오기 때문이다. 하지만 맺고 끊음이 분명한 탓에 기한 내에 완수하기 어려우면 당당하게 "그건 좀 어려울 것 같습니다"라고 말해 리더에게 상처를 주기도 한다. 그러나 못할지언정 일단 "YES"부터 하고 보는 사람은 조직에 더 큰 피해를 초래할 수 있다고 믿는다. 한 번 하겠다고 마음먹으면 반드시 해내기에 오히려 그 한 번의 결심이 어렵다. 이런 책임감과 사명감은 오히려 짐이 되기도 한다.

#제가 어느 부분에서 눈치가 없는지 말씀해 보세요

사람들의 감정을 읽어 내는 것에 둔감하다. 이 말을 ISTJ 유형에게 하면 "그건 아닌 것 같은데"라며 불편한 심기를 드러낸다. 그 반응은 곧 찔리기 때문이 아닐까. 또 고맙다는 말을 하거나 칭찬, 애정표현에 온몸이 오글거린다. 만약 상사에게 칭찬이라도 듣는 날엔 '무슨 피드백을 하려고 이런 말을 하시지?'라고 생각하며 칭찬의 의도를 의심하기도 한다. 칭찬에 크게 흥분하는 편도, 피드백에 깊은 상처를 받는 편도 아니다. 그래서 때로는 눈치 없다는 말을 듣는다.

만약 워크숍 계획을 세운다고 가정해 보자. 많은 사람들이 "재미있겠다! 어디로 가지?"라고 흥분하며 대화를 주고받을 때 "예산이 어떻게 되는데요?", "사장님이 승인해 주실까요?" 등 너무 현실적인 말로 찬물을 끼얹다 보니 말랑했던 분위기를 차갑게 얼려 버린다. 그러면서 "내 말이 틀렸어? 솔직히 맞잖아"라고 반응한다. 남의 감정뿐 아니라 자신의 감정을 읽는 것도 둔감한 편인데 그래서 자신에게 엄격하다. '봄기운에 들떠서', '추운 날씨 때문에 손이 얼어서' 등 일 하기 싫은 이유도 각양각색인 다른 유형들에 비해 ISTJ 유형은 감정에 쉽게 흔들리지 않는다.

유형에 딱 맞는 업무 환경

#예상 가능한 업무

새로운 것을 시도할 땐 누구나 두렵다. 그러나 그 두려움의 결은 유형마다 조금씩 차이가 있다. 예를 들어 ISFJ 유형은 사고나 실수가 발생할까 봐 두렵지만, ISTJ 유형은 새로운 것이 기존 결과물보다 완성도가 높지 않을까 봐 두렵다. 그래서 기존에 해왔던 패턴의 업무, 이미 체계가 잘 갖춰진 업무, 마음에 들지 않더라도 기존 거래처와의 업무를 선호한다.

#한 번엔 한 가지씩

상황을 가정하여 옆자리에서 배운다 프로가 어깨에 수화기를 끼고 통화하면서 요청받은 자료를 메일로 보내고 있다. 그러나 메일에 내용만 쓰고 정작 보내야 할 파일을 첨부하지 않았다. 한 번에 여러 일을 처리하는 멀티플레이어가 부러우면서 내심 걱정된다. 이 유형은 여러 일을 한 번에 해내는 유전자는 부족한 듯하다. 그렇게 하면 꼭 사고가 발생한다는 것을 알기 때문이다. 만약 유인물을 출력하는 사이에 메일 회신을 하고, 회의 자료를 파일철 하면서 고객사와 통화하는 등 두 가지 일을 동시에 하지도 못할뿐더러 했을 때 꼭 실수가 난다. 그래서 여러 가지 업무를 맡았을 때 야근을 할지라도 하나의 일을 마치고 다음 일로 넘어간다. 일이 갑자기 몰아치는 업무보다는 꾸준히 바쁜 업무가 좋다. 만약 업무상 다양한 프로젝트를 동시에 고민하고 해결하는 일을 맡게 되었을 땐 다른 유형 대비 훨씬 더 많은 스트레스를 받는다.

#계획에 맞춰 실행하기

주말에 호캉스 여행을 가더라도 맘 편히 쉬기 위해 스케줄이 필요하다. '언제까지 누워있고 이걸 해야지'라는 계획이 있어야 그때까지 아무 생각 없이 쉴 수 있다. 혹자는 퇴근 후 친구와의 약속에서도 만나자마자 헤어질 시간을 정해야 맘 편히 논다고 말한다. "언제까지 놀 거야? 그럼 2차까지 갈 수 있겠다. 1차는 여기, 2차는 저기로 갈까?"라고 말을 맞춰야 비로소 그때까지 편히 놀 수 있기 때문이다. 그러니 업무 중엔 오죽하겠는가? 업무 중에 갑작스레 고객사 담당자가 전화로 자료를 요청하면 순간 까칠한 목소리가 튀어나온다. 계획에 어긋나는 이슈가 생겼기 때문이다. "언제까지 드려야 하죠? 지금 하고 있는 업무를 끝내고 드려도 될까요?"라며 양해를 구한다. 15분 정도만 투자하면 바로 보낼 수 있더라도 내가 집중하고 있는 일을 끝마쳐야 다음 업무에 집중할 수 있다. 그리고 내 업무가 갑작스러운 의뢰로 흔들리는 것도 편하지 않다. 그만큼 내가 계획한 시간, 업무량이 틀어지는 것은 회사생활에서 매번 겪지만 적응하기 어렵다.

#사업계획 수립보단 To do list

회식 장소를 찾아볼 때도 인원, 위치, 분위기, 맛, 알레르기까지 심혈을 기울여 예약한다. 그런 우리에게 사업계획은 얼마나 많은 것을 고려해야 할지 가늠만으로 머리가 아프다. ISTJ 유형에게 가장 부족한 기능은 직관(N)으로 미래를 짐작하거나 거시적 관점이 필요한 업무는 힘들다. 반대 유형(ENFP 유형)에겐 새로운 긴장과 설렘을 준다지만 우리에겐 아직 증명되지 않은 것을 예상하고 설계하는 것은 너무 어렵다. 그래서 무방비 상태로 들어간 회의에서 새로운 아이디어를 도출하거나 '아무 말 대잔치'로 시작하는 브레인스토밍을 할 땐 자신도 없고 몰입하기도 어렵다.

#사적인 건 생일 축하 정도만

동료 간의 생일을 챙겨주는 정도면 일하는 데 지장 없다. 조직에서 아무리 친해진 동료가 있더라도 일정한 선은 유지했으면 한다. 일로 만난 사이에서 그 이상의 관계는 업무 기준을 흔들거나 효율을 떨어뜨릴 수 있기 때문이다. 언니, 오빠 할 정도의 친근한 관계나 "잘한다 잘한다" 독려하는 조직문화보다는 업무에 대한 명확한 지시와 피드백, 그에 따른 성과의 보상이 분명 환경이 더 일하기 적합하다.

유형의 업무 강점 및 추천 진로

- 구체적인 내용, 사실, 세부 사항을 잘 정리하여 정확하게 설명할 수 있다.
- 체계가 잡혀 있는 일을 꾸준히 완벽하게 해낼 수 있다.
- 현실적이며 보고, 마감, 데이터 정리 등 현재의 업무를 처리하는데 능력을 발휘한다.
- 단호한 면이 있지만, 앞뒤가 같고 솔직하게 말해 협업 시 신뢰를 얻는다.
- 갈등 상황 속 명확한 근거를 바탕으로 논리정연하게 말하기 때문에 상대방은 반박하기 어렵다.
- 누군가에게 업무를 인수인계할 땐 매우 상세하게 전달하여 상대방은 일 처리가 수월하다.
- '법 없이도 살 사람', '걸어 다니는 육법전서'라는 별명을 얻을 정도로 매우 솔직하고 정직하게 업무를 해낸다.

* 추천 진로: 회계감사 및 재무 관리, 보험인수 심사자, 자산관리사, 공기업, 행정직 공무원, 통계처리, 군 장교, 감정평가사, 프로젝트 관리자, 입국심사, 사서 등.

반대유형과 생길 수 있는 갈등의 순간

오로라(ENFP) 프로가 김신중(ISTJ) 팀장에게 업무 보고를 하고 있다.

오로라 프로: 팀장님, 사장님께 보고드릴 3분기 실적보고서인데요. 말씀 안 하셨지만 필요하실 것 같아서 제가 먼저 정리해보았습니다.

김신중 팀장: (이 업무는 원래 본인이 하던 일이니 당연히 말 안 해도 하는 것이 맞는 것 같은데...) 네. 한번 볼게요.

오로라 프로: (이 정도까지 했는데 칭찬 한마디 안 해주시려나? 어제 야근하며 작성한 거 보셨을 텐데...) 아, 그리고 팀장님 지난 분기에 출시된 품목에 대해서 눈에 띄게 실적 향상된 부분이 있어서 이를 더 강조하고, 미래 예측 데이터까지 새롭게 분석해 봤습니다. 이렇게 하면 훨씬 영업팀에서도 좋아 할 것 같아서요.

김신중 팀장: 음. 근데 이건 왜 아직도 작년 데이터로 나와 있지?

오로라 프로: 아. 날짜를 깜빡하고 못 고쳤네요.

김신중 팀장: (20분 후) 오로라 프로! 잠깐만 와 주겠어? 새로 작성한 데이터가 이해가 안 되네. 너무 복잡하게 돼 있어! 사장님도 이해하시기 어려울 것 같으니 그냥 원래 하던 대로 작성하는 게 좋겠어.

#(ENFP) 오로라 프로의 생각

새로운 것을 해냈을 때 "역시 미래를 보는 안목이 있어! 야근까지 하면서 새로운 시도를 해하는 모습 보기 좋아"라고 말해 줄 수 있지 않은가. 돈 드는 것도 아닌데. 그리고 보고서의 본질은 보지도 않고 오타 같은 소소한 꼬투리만 잡아내니 큰 그림을 볼 수가 있나. 그리고 다른 팀에 비해 우리 팀의 실적이 밀리는 것 같아 업무 혁신하는 모습을 보여야겠다는 생각에 일부러 야근까지 하면서 보고서를 썼는데 인정받지 못해 답답하다.

#(ISTJ) 김신중 팀장의 생각

새로운 것을 시도하려는 열정적인 태도는 좋지만, 오로라 프로는 항상 완결성이 부족하다. 새로운 기획에 집중하느라 기본을 놓치는 경향이 있다. 새로운 보고서를 쓴다고 정작 이번 주까지 준비해야 하는 것을 못한 것 같은데 업무의 우선순위를 잘 모르는 것 같아 아쉽다.

#갈등의 해결책

오로라 프로의 시도는 좋았으나, 결과적으론 김신중 팀장에게 번거로움을 주었으며 업무의 지연을 불러왔다. 게다가 새로운 부분을 신경 쓰느라 기본업무를 소홀히 하고 업무에 핵심을 파악하지 못했으니 팀장은 더 아쉬울 것이다. 그러나 오로라 프로의 미래를 보는 안목과 새로운 시도는 분명 주목할 만한 부분이다.

기본적인 것도 못 하는데 성과 내는 것만 집중한다고 생각할 수 있지만 오 프로의 새로운 도전정신, 창의성 등의 역량은 팀장에게 너무도 필요한 역량이다. 그리고 새로운 도전을 독려하는 분위기에서 오 프로의 역량은 더 잘 발휘된다. 물론 당신이 노력하더라도 오 프로가 배부를 만큼의 칭찬은 힘들 수 있다. '칭찬'이 힘들다면 '인정'부터 해보면 어떨까. "오 프로 어떻게 이런 생각을 했어?" 혹은 "오 프로가 새로운 걸 생각했네?" 등 인정만으로도 오 프로의 강점은 극대화될 수 있을 것이다.

슬럼프에 빠진 '나' 깨우는 방법

#조 코치 Message

무엇이든 최선을 다하는 당신! 언제나 그 자리에서 성실히 달리는 페이스메이커 같은 당신! 당신의 노력은 드러나진 않지만 결국 모두가 알게 될 것입니다. 사람들이 말하는 프로와 아마추어의 차이는 '한결같은 실력'입니다. 누군가는 번뜩이는 아이디어와 혁신적인 도전으로 성과를 낼 때 '나도 열심히 했는데 내 노력은 뭐지?'라며 한숨을 내뱉을 수 있습니다. 분명한 것은 화려한 불꽃 뒤엔 큰 어두움이 뒤따르지만 은은한 달빛은 그 공간을 헤치지 않으며 끝까지 함께하는 안정감을 줍니다. 이것은 진정한 프로의 모습과 닮아있습니다. 누구나 극한 상황에선 초인의 힘을 발휘합니다. 하지만 일상생활에서 꾸준함을 유지하는 것은 누구나 할 수 없습니다.

그러나 부지런함과 성실함도 좋지만 먼저 일어나도 먹이를 못 먹을 수도 있듯, 때로는 기회를 잡기 위해 과감한 도전과 선택이 필요하다는 것을 기억했으면 합니다. 만약 지금 당장 과감한 도전과 선택을 하기 어렵다면 내가 잘할 수 있는 업무부터 찾아보는 건 어떨까요? 새로운 과제에 도전하거나 상사의 기대감은 오히려 나에게 부담이 될 수 있습니다. 내가 노련하게 처리할 수 있는 업무를 맡아 성공 경험부터 쌓아 보길 바랍니다. '이렇게 잘 해내는 사람인데 못할 게 뭐 있겠어?' 스스로 검증해 보고 증명된 나를 보며 자신감을 키워 보세요. 당신은 자신이 알고 있는 것보다 훨씬 유능한 사람입니다.

ENFP

통통 튀는 긍정 매력,
오로라 프로

유형의 업무 특징

: "새롭고 의미 있는 일! 어디 없을까?"

#회사에서 제가 좀 독보적인 인싸죠

ENFP 유형과 함께 있으면 높은 텐션의 기운을 얻는다. 쾌활한 성격으로 저기 구석에 앉아 있어도 존재감을 풍긴다. 이들은 에너지가 넘치고 활동적일 뿐 아니라 사람들을 잘 챙기는 따뜻함까지 가지고 있다. 혹자는 출장을 다녀오는 길에 동료들의 가족 몫까지 빵을 사오기도 한다. 이렇게 사람들이 생각하지 못한 부분까지 가늠하여 챙겨주는 센스가 있는데 상대에겐 가끔 부담이 될 수 있다. 이런 오지랖은 사람들의 모임에서도 발휘되는데 내가 아는 지인들은 좋은 사람들이기에 서로가 알았으면 좋겠다는 생각을 한다. 그래서 요청하지 않아도 지인들을 불러 모아 서로를 소개하고 연결해주곤 한다. 이런 관계 지향적인 면모는 사무실에서도 발휘된다. 직관과 사실적 소문을 종합적으로 파악하고 있는 ENFP 유형의 소식통을 따라갈 자는 없을 것이다. 그래서 이들의 머릿속엔 동료들의 미묘한 완력까지 정리된 관계도가 그려져 있기도 하다. 이렇게 심혈을 기울인 인연이 단절되는 건 너무 가슴 아픈 일이기에 관계를 오래도록 유지하고자 하는 편이다. 그래서 주말이면 챙겨야 할 경조사가 많아 바쁘다.

#시작은 늘 가슴 떨려요

'취미 부자'라고 불릴 만큼 다양한 관심사를 가지고 있다. 일에 있어서도 하나를 깊이 연구하기보단 이것저것 하다 보면 어느새 넓고 깊어질 거라 믿는 편이다. 혹자는 다양한 분야에 관심을 가지게 되면서 N잡러를 선택하는 경우가 있다. 쿠팡 파트너스, 블로거, 유튜버, 브런치 작가, 회사원, 결혼식 사회자 등 이 모든 게 ENFP 유형인 한 사람의 직업이다. 다양한 곳에서 재능을 발휘하는 이들은 그야말로 엔터테이너다. 그러나 계속해서 새로운 도전만 하다 보면 어느새 벌려만 놓았던 일들이 산더미처럼 쌓이게 되어 멀티플레이어 ENFP 유형인 이들에게도 버거울 수 있다. 그도 그럴 것이 새로운 것에 도전하는데 설렘을 느끼지만, 그 설렘이 계속된다면 그것은 병원에 가야 할 일이다. 그래서 이들은 다 못 끝낸 일에 대해선 주변 동료에게 도움을 구한다. 이 요청이 그들에겐 그다지 어렵지 않다. 이유는 이들 기준에선 본인의 성장에 도움 되는 일이고, 다른 사람들도 나와 같이 의미 있는 일이라고 생각하기 때문이다.

본인의 감정을 숨기기 어려운 이들은 극적인 표현력을 발휘한다. "와~ 대박! 진짜 최고인데?", "너무 좋아!" 등 온갖 가지 단어들로 자신의 감정을 표현하여 주변 사람들까지도 기분 좋은 영향력을 미친다. 다만 슬픈 감정에도 이는 적용된다. 평소 워낙 높은 텐션을 유지하고 있기 때문에 우울한 날은 주변인들이 먼저 알아차릴 수가 있다. 기분이 좋은 날은 넘치는 흥이 걸음걸이에서도 느껴지고, 그렇지 않은 날은 힘 빠진 어깨로 느껴진다. 그래서 이들의 기분이 사무실에 온기를 좌우하기도 한다. 이런 예민한 감정은 타인의 기분에도 민감하게 반응한다. 어느 날 상사가 나를 보며 한숨을 쉴 때면 그때부터 걱정이 눈덩이처럼 불어난다. '왜 그러실까? 오전에 낸 보고서가 맘에 안 들어서일까?' 등의 걱정 때문에 일이 잡히지 않아 뒷전으로 밀릴 수 있다. 그래서 자신의 감정과의 조율이 이들에겐 중요한 숙제이기도 하다. 그만큼 상대의 감정선 또한 잘 파악해서 동료의 기분과 상황에 맞는 대응으로 감동을 주는 일을 만든다.

#큰 그림을 누구보다 빨리 볼 수 있어요!

새로운 임무가 맡겨졌다는 것만으로도 이들을 설렌다. 새로운 것에 대한 두려움보다는 내가 배우고 성장하는 기회라는 점이 이들에겐 더 큰 가치로 느껴진다. 그 덕에 새로운 일에 적응력도 빠르다. 새로운 기술이 도입되어 업무 매뉴얼을 익혀야 할 때 다른 직원들은 하나하나 차근차근 업무에 적응하는 데 반해 ENFP 유형은 큰 틀만 훑어본 후 바로 작업에 돌진하는 등 뛰어난 적응력과 추진력을 보여준다. 주변 사람들이 볼 때 못 하는 게 없고, 안 해본 게 없어 보이는 다재다능한 사람이다. 단, 깊이 캐묻지 않는 것이 서로에게 좋을 수 있다.

#사람들은 왜 별거 아닌 걸로 트집을 잡는지 모르겠어요

행사를 기획하는 단계에선 전체적인 기획과 큰 그림을 그리는 데 뛰어난 능력을 발휘한다. 단, 세부적인 메뉴 선정, 귀빈의 자리 배치 등 위험 요소를 예측하는 것엔 취약할 수 있다. ENFP 유형에게 가장 힘든 것은 세부 사항을 점검하는 것과 반복하는 것이다. 이 유형의 열등기능은 감각(S)이기 때문에 현실적인 사안을 들여다보는 것엔 관심이 떨어진다. 그래서 주변에 누가 있느냐가 매우 중요하다. 일에 책임감과 완결력을 가진 동료가 실수를 메워준다면 당장에 갈등은 있어도 서로의 능력은 더할 나위 없이 빛날 것이다.

유형에 딱 맞는 업무 환경

새로움에 새로움을 더하는 업무

미국 하버드대학교의 《유머과학잡지》에서는 매년 이그노벨상을 수여한다. 이 상은 노벨상을 거꾸로 한 말로 일상 속 호기심에 기반해 괴짜 같지만 번뜩이는 연구나 개발자에게 수여하는 상이다. 새로움은 엉뚱하든 그렇지 않든 존재의 가치가 있는 법이다. 마찬가지로 이들은 회의에서 열띤 토론을 벌이다 갑자기 뜬금포로 "우리가 우주인이라는 설 아세요?"라며 진지하게 열변을 토하는 엉뚱함과 통통 튀는 매력을 가진 이들이 많다. 너무 앞서가 사람들의 공감을 얻지 못하고 놀림거리가 될 때도 있지만 잘 다듬어진다면 이그노벨상처럼 매우 가치 있는 발상이 될 수 있다. 반대로 이들에게 어려운 것은 똑같은 업무를 받아 유지하는 것이다. 무료함을 넘어 업무를 소홀히 다루게 될 수도 있다. 매번 똑같은 일을 맡더라도 새롭게 추가하거나 다르게 수행하면서 활력을 느낄 수 있다.

지치지 않는 도전의 부스터

1% 성공 가능성만 있다면 무모하더라도 시도해 봐야 한다고

생각하는 편이다. 실패에서도 얻는 것이 있다고 생각하기 때문이다. 그래서 이들은 시도하지 않으면 실패든 성공이든 아무것도 얻을 수 없다고 생각해 도전한다. 만약 거래처 PT 경쟁에서 경쟁사에게 뒤져 계약을 넘겨주고 말았다. 비록 졌지만 경쟁사의 특성과 히든카드를 알 수 있었다고 웃으며 훌훌 털어버릴 것이다. 이들은 이미 넘어지는 방법을 터득한 사람들 같다. 이들에게도 실패의 경험은 매우 힘들다. 좌절감 안에서 헤어 나오지 못할 때도 있다. 하지만 모든 것을 고려한 선택에서 또다시 도전을 택하는 이유는 새로운 경험으로 성장한다는 것을 알기 때문이다. 그래서 이들은 오늘도 성장을 위해 직장에서 새로운 프로젝트를 기획하는 등 '거침없는 도전'을 택할 것이다.

#업무는 다 같이! 함께! 모두 모여!

ENFP 유형들의 기분 좋은 모습을 볼 때면 웃음의 파도가 인다. "당신 덕분에 직장에서 웃어요"라는 말을 많이 들을 만큼 즐거운 조직문화를 만드는 분위기메이커이다. 또한, 역할을 분담하여 각자 업무 동굴로 들어가기보다는 다 같이 함께 일했을 때 즐겁고 시너지가 날 수 있다고 믿는 편이다. 그래서 각자의 책상에서 업무를 할 때보다 회의실에 둘러앉아 고민을 공유하는 환경에서 더욱 시너지를 발휘할 수 있다. 또, 팀워크를 높이기 위해 서로의 강점을 칭찬하고 격려하는 분위기를 이끌기도 한다. 반면 경쟁적이고 개인적인 분위기의 조직에선 일하기조차 싫어지거나 위축되어 효율이 떨어질 수 있다.

#타인의 성장을 돕는 것이 곧 나의 기쁨

ENFP 유형의 리더는 '성장' 측면을 심히 고려하여 업무를 분담하는 편이다. "이 일로 성장했으면 좋겠어"라고 동기부여 한다. 미래지향적인 ENFP 유형은 자신뿐 아니라 동료가 일을 통해 성장할 수 있을지 고민하기 때문이다. 그래서 동료의 성장에 도움이 될 수 있는 도서를 추천하기도 하고, 새로운 일을 벌여 참여를 독려하기도 한다.

#무한 열정가

자극에 중독이 되었나 싶을 정도로 새로운 것에 흥미를 느끼곤 한다. 이런 열정이 회사생활로만 충족될 리 없다. 퇴근해서도 새로운 흥미와 도전들로 계획이 가득할 수 있다. 사내동호회 모임에서 스터디를 도전하거나 보디 프로필에 도전하는 등 끊임없는 도전이 이들에겐 동력이 된다. 오히려 회사와 집뿐인 규칙적인 일과가 이들에겐 안정보다는 지루함을 줄 수 있다. 그래서 같은 직장을 다니더라도 새로운 업무를 착수할 수 있는 이벤트 기획, 카피라이터, 크리에이터 등의 업무를 추천한다.

유형의 업무 강점 및 추천 진로

- 조직에서 활력 넘치는 분위기를 조성한다.
- 인재들의 가능성을 찾아주고 개발시키는 능력이 있다.
- 새로운 아이디어를 개진하고 사람들과의 대화를 통해 업무를 구체화해나간다.
- 상대방의 강점을 발견하는데 능하고 긍정적인 피드백을 통해 동기부여 한다.
- 세심한 부분을 점검하기보다는 보이지 않는 비전을 그려내는 데 소질이 있다.
- 상사의 다른 사람을 기쁘게 해주기 위해 자신의 헌신을 감내한다.

* 추천 진로: 예술가, 영양사, 영업직, 컨설턴트, 카피라이터, 크리에이터, 작가, 연예인, 홍보마케팅 기획 등.

반대유형과 생길 수 있는 갈등의 순간

오로라(ENFP) 프로는 조배려(ENFJ) 프로와 직원 워크숍을 기획 중이다.

조배려 프로: 올해 콘셉트는 힐링으로 하는 건 어떨까요?

오로라 프로: 오~ 너무 좋습니다. 팀별로 활동도 많이 하면 좋을 것 같아요. 인스타그램 릴스(동영상) 같이 짧은 영상을 만드는 활동을 하면 어떨까요? 팀끼리 추억도 될 것 같아요.

조배려 프로: 오 너무 좋은데요? 역시 오로라 프로는 아이디어가 번뜩이는 것 같아요.

오로라 프로: 저는 조배려 프로님과 같이 일하는 거 너무 좋아요. 우리는 너무 잘 통하는 것 같아요.

조배려 프로: 맞아요. 그럼 우리 팀별로 공문을 보내고 연락해서 일정 취합 받아볼까요? 제가 팀별로 연락할 테니 그전에 공문만 좀 만들어 주시겠어요?

오로라 프로: 제가 다 해도 되는데 감사해요. 제가 공문 만들어 볼게요.

(다음 날)

조배려 프로: 공문 다 만드셨으면 이제 제가 연락 돌릴까요?

오로라 프로: 아, 지금 급하게 처리해야 할 건이 있어서... 혹시 괜찮으시면 공문 작성에 들어갈 취지만 좀 써 주실 수 있을까요?

오로라 프로와 같은 공간에 있는 것만으로도 기분이 좋아진다. 함께 일하는 건 늘 즐겁다. 다만 불안을 동반한다. 항상 너무 많은 일을 동시에 하기 때문에 우리의 일을 잊은 건 아닐까 우려스럽다. 바로 처리할 수 있는 간단한 업무들도 우선순위가 뒤로 밀려 일을 깜박하는 경우가 이번만은 아니다. 오로라 프로에게 맡겨진 일은 다시 내 차지가 되기도 한다. 그래서 오로라 프로와 업무를 할 땐 자꾸 중간중간 체크하게 된다.

함께 일하면 말도 잘 통하고 생각을 공유할 때도 공감대 형성이 잘되어서 좋다. 가끔 배가 산으로 가지만 이내 조배려 프로가 다시 강가로 돌려와 준다. 그래서 함께 일할 때면 든든하다. 그러나 일할 때 급한 성격이 나에게는 다소 압박으로 다가온다. "다 됐어요?"라는 질문이 무섭다. 그렇게까지 급하게 서두르지 않아도 되는 업무 같은데 말이다.

오로라 프로와 일하면 불안해하는 동료들이 있다. 일을 다 했는지 자꾸만 체크하는 동료들은 마음을 급하게만 할 뿐이다. 당신의 능력이 부족해서일까? 어쩌면 당신은 용량이 초과하는 일을 맡고 있는지도 모른다. 다른 사람들은 동시에 한두 가지 일을 추진하지만 오로라 프로는 서너 가지의 일을 벌여놓고 추진하는 편이다. 그래서 일에 온전히 집중하기 어렵고 더디게 진행될 수도 있다. 이런 모습을 지켜보는 동료들은 당신과 함께하는 일에서 불안을 느끼게 된다. 그러므로 협업을 하게 될 땐 자신의 계획을 미리 밝히고 마감 예상 시간을 공표하자. 계획은 예외상황까지 고려해 80% 정도만 배정하자. 만약 일정대로 소화가 어려울 땐 미리 상황을 공유해서 상대방도 대안을 마련할 수 있도록 준비할 시간을 주는 것이 필요하다. 나에겐 사소한 업무량과 시간이라 생각할 수 있어도 상대방은 큰일이라고 여길 수 있다.

슬럼프에 빠진 '나' 깨우는 방법

#조 코치 Message

세상의 흥을 모두 흡입해버린 당신! 당신의 빛으로 주변 사람들을 밝혀주고 있었다는 것을 잊지 마세요. 그러나 빛날수록 그림자는 더 크게 생기듯 당신이 감정선의 상승곡선은 하향곡선의 반증이기도 합니다. 그래서 다른 사람들이 어떻게 볼지 늘 신경 쓰느라 당신 감정을 모른척하기보단 스스로 행복을 찾아주는 사람이 되길 바랍니다. 당신의 행복은 어디에 있는지, 당신의 불안은 무엇으로부터 생겨나는지, 욕구가 무엇인지 나를 공부하여 현명하게 표현하는 습관을 들여보길 바랍니다. 나의 기분만으로는 상대를 설득하기 어려울 테니까요. 또한, 새로운 자극이 주는 즐거움도 있으나 익숙함이 주는 편안함도 있습니다. 모든 일에서 한 번에 성공하는 것은 매우 드문 일입니다. 꾸준한 실패와 도전만이 인상적인 결과물을 낳을 수 있으므로 한결같이 도전해볼 분야를 정해보시길 바랍니다. 그리고 주변 동료 중 꾸준히 본인 페이스대로 묵묵히 업무를 해내는 동료가 있다면 배울 점을 찾아보세요. 동료를 통해 꾸준히 노력하는 방법을 터득할 수 있을 것입니다.

ISTP

어디서든 적응하는 실용주의,
이실용 프로

유형의 업무 특징

: "흔들릴지라도 부러지진 않아요."

#꼭 말로 해야 하나요?

ISTP 유형에게 과묵하고 진중하다는 말을 많이 한다. 이들에게 대화는 관계를 쌓아가는 '담소'의 의미보단 '용건'을 목적으로 하는 경우가 많다. 불필요한 말은 아끼는 만큼 그 말에는 힘이 있다. 평소 과묵한 동료가 던진 말 한마디에도 귀 기울이게 되듯 이들이 "덥지 않으요?"라고 말하면 곧장 에어컨을 켜야 할 것만 같은 영향력 있는 말로 들린다. 반대로 이들에게 핵심 없고 중요하지 않은 말은 듣기 어렵다. 동료의 데이트 일화나 관심 없는 드라마의 줄거리 등 자신의 관심사를 벗어난 이야기들엔 집중력이 떨어진 모습을 보게 될 수 있다. 단, 이들도 관심 분야의 이야기에선 시간 가는 줄 모르고 몰입한다. 그래서 과묵하게 앉아 있는 이들과 친해지려면 "왜 말이 없어요?"라는 말 대신 주요 관심사를 주제로 대화를 나눠보는 것이 좋다.

#가장 중요한 건 효율성이죠

ISTP 유형이 중요하게 생각하는 가치는 효율성이다. 똑같은 노력으로 최대의 성과를 내고 싶어 하는 특성을 가졌는데 이 적정한 타이밍은 마감 기한이 임박해서다. 이때, 내 안에 또 다른 내가 초인적인 힘을 발휘해 준다. 이들이 잘할 수 있는 업무는 긴급한 위기를 잘 포착하고 신속하게 문제를 처리하는 일이다. 이 모습이 마치 '치타'의 모습과 닮아있다. 치타는 포유류 중 최고의 속도를 자랑할 만큼 빨리 달리지만 그 속도를 오래 유지하기 어렵다. 그래서 조용히 때를 기다렸다가 단숨에 먹잇감을 포위하는데 ISTP 유형들도 기회를 포착해 시기적절한 성과를 보여주는 것에 능하다. 이 때문에 노력대비 상사에게 인정받는 모습을 주변에서 시기할 수도 있다.

#제가 냉혈 인간이라고요?

때론 이들을 도도하거나 차가운 이미지로 느낄 수 있다. 자신의 애정도 꼭 필요한 때를 위해 응집해 두는 편이라 관관심 밖에 사람들의 이런 오해에 억울함을 느끼진 않을 것이다. 퇴근 후 "맥주 한 잔?"을 제안받으면 여러 가지 평계로 그 자리를 빠져나오곤 한다. 그래서 거절당한 외향형(E) 동료에게 '나랑 친해지고 싶지 않나?'라는 오해를 살 수도 있다. 또한, 독립적인 성향을 가지고 있는 이들에겐 사람들의 '관심'이 '간섭'으로 느껴질 수 있다.

자신도 상대방 일에 크게 관심을 두지 않는 편이다. 개인적인 영역과 권리를 지켜주기 위함이다. 일례로 동료의 프린트물이 잘못된 방향으로 출력되고 있음을 알았는데도 그냥 지나치는 ISTP 유형에게 물어보았다. 개인정보가 담긴 프린트물을 보게 된 것에 더 기분이 상할 수 있다는 이유였다. 무엇보다 그 상대방에게 그 이야기를 해주러 가는 것이 더 귀찮았다고 한다.

#저를 옥죄지 마세요

침착하고 예리한 탓에 이들이 계획적이고 규칙을 잘 지킬 것이라고 오해를 한다. 이들은 위계적이지 않고 자율적인 분위기에서 본인의 강점이 발휘되기 때문에 이들에게 세세한 가이드를 내리거나, 건건히 보고를 요구하면 오히려 역량 발휘가 어려울 수 있다. 이 유형의 리더들은 근엄하긴 하지만 수평적이고 방목형 리더라는 평가도 듣는다. 이런 리더십의 이유는 스스로 주체가 되었을 때 알아서 자기 능력을 발휘할 수 있다고 믿기 때문이다.

#미치도록 하고 싶은 일이 어디 없을까요?

"인생에서 미치도록 열중해서 했던 일이 있어요?"라는 질문에 대답을 머뭇거릴 수 있다. ENFJ 유형이 이것저것 새로운 것에 몰입하고 있는 모습을 보면 무모하면서도 부럽다고 느끼기도 한다. 실제 진로상담 과정에서 ISTP 유형 학생으로부터 "최선을 다할 수 있는 일을 찾고 싶은데 잘 모르겠어요. 어릴 적부터 '미치도록 재미있어 설렌다'라는 경험이 거의 없어 진로를 찾기가 어려워요"라는 말을 듣는 경우가 적지 않다. 또한, 이들을 주변에서 평가할 땐 "똑똑한데 악착같은 면은 없다"라는 말들을 하는데 업무의 결과물에서도 뭔가 여백의 미가 느껴진다. 레오나르도 다비치의 'Simple is the best'라는 말이 있지만, 빼곡한 양과 다양한 내용에서 정성을 느끼는 동료나 상사에겐 깊은 고민보단 가벼운 고민 쪽이라 느껴질 수 있으니 주의가 필요하다.

유형에 딱 맞는 업무 환경

#기계를 만지고 있으면 시간 가는 줄 모르겠어요

어릴 때부터 그림 그리는 것을 좋아하거나 장난감을 분해해 파헤쳐 보는 것을 좋아해 성인이 되어서도 기계를 잘 고치거나 연장을 잘 다루는 손재주를 가진 사람들이 많다.

만약 손재주가 없는 사람이라면, 비조직화된 사실을 조직화하는데 능하다. ISTJ 유형과 3가지 지표가 같음에도 강점이 다른 부분이기도 하다. ISTJ 유형은 업무를 처리하기 위해선 상세한 가이드, 세부적인 일정, 예산 등이 완벽히 준비되지 않으면 매우 찝찝해하거나 불편함을 드러내기도 한다. 이때 ISTP 유형은 현 상황에서 할 수 있는 것을 찾는다. 예를 들면 "최소한의 예산으로 업무를 추진하되, 추가예산이 떨어지면 그때 하나하나 채워가죠"라고 말한다. 아직 조직적이지 않은 불모의 환경에도 현실에 맞는 대안을 도출하여 업무를 조직화해 나가는데 능하다. 이는 상황에 따른 유연성으로 민첩하게 대응하고 정리하는 능력이 있기 때문이다.

매우 중요한 콘퍼런스 당일, 식사 예약이 다른 지점에 된 것을 알았다. 현장에서 알게 된 팀원들은 일동 당황하며 발을 동동 구르고 있을 때 당신의 기지는 발휘된다. 단체 식사가 어렵다면 "식당 몇 개를 섭외해서 자유롭게 선택해서 먹는 방식으로 진행하면 어떨까요?"라며 위기 상황을 해결한다. 자칫 흔들릴 수 있는 감정에 동요되지 않아 냉철하게 현재 상황을 파악할 수 있기 때문이다. 이렇게 긴박한 상황 속 재빠른 해결사가 필요하다면 이들의 능력을 어필할 수 있는 기회가 될 것이다.

#대기업 같은 안정적인 직장이 어울려요

사람들은 가끔 이 직원이 출근했나 싶을 때가 있다. 묵묵히 자신의 업무를 마친 후 흔적도 남기지 않고 사라질 만큼 입도 엉덩이도 무거운 편이다. '가늘고 길게'라는 신조에 맞게 큰 화제도 문제도 일으키지 않으면 언젠가 인정받을 것이라 믿는다. 이성적이며 과업 중심적인 이들에겐 관계가 업무와 뒤엉키면 일을 그르칠 수 있다고 생각하는 편이다. 더 정확히 말하면 일로도 복잡한 직장생활에 관계까지 신경 써야 하는 것이 무엇보다 귀찮다. 그래서 동료와의 친밀한 관계도 부담이 돼 적정선 거리를 유지하는 사람도 많다. 이렇게 무탈하게 장기로 근속한다면 언젠가 기업의 수장이 될 기회가 찾아올 수 있다.

#워라벨을 지킬 수 있는 업무 환경

입사를 위해 알아본 10곳의 회사 중 8곳은 ISTP 유형에게 탈락당할 수 있다. 이유는 복지가 별로 좋지 않거나 근무환경이 좋지 않아서라거나, 야근이 많다더라, 환경이 위계적이더라, 연차

쓸 때 눈치를 준다더라 등은 이들에게 너무 높은 허들이다. 너무 위계적이거나 야근을 밥 먹듯 하는 회사는 이들에게 탈락의 사유가 되기에 충분하다. 왜냐하면 이들에게 성장, 커리어도 중요하지만 무엇보다 워라벨의 가치가 매우 중요하기 때문이다.

유형의 업무 강점 및 추천 진로

- 조용하지만 필요한 말은 직관적으로 한다.
- 관찰력이 좋은 이들 눈에는 상황이 잘 간파되어 나이스한 타이밍에 치고 빠지기를 잘하는 편이다.
- 시간 낭비를 좋아하지 않기 때문에 효율성 있게 일을 처리한다.
- 독립적으로 상황에 따른 문제를 해결하는데 소질이 있다.
- 문제의 상황에서 이성적으로 판단하여 현명한 아이디어를 제시한다.
- 부서 간의 경계를 허물고 필요에 맞게 소규모 팀을 구성해 업무를 수행하는 조직문화에서 능력을 잘 발휘한다.
- 자유롭고 독립적으로 업무하되, 성과에 대한 명확한 피드백과 보상이 있는 환경을 선호한다

* 추천 진로: 소방관, 방사선사, 회계, 통계, A/S 기사, 손해사정사, 정비사, 연구원, 기술전문가, 은행원 등.

반대유형과 생길 수 있는 갈등의 순간

이실용(ISTP) 프로는 오로라(ENFP) 프로와 탄소배출 감소를 위한 직원 단체봉사 프로젝트를 계획 중이다.

오로라 프로: 점심 뭐 먹었어요? 이번에 생긴 김밥집 가본 적 있으세요? 너무 맛있어서 소문내 드리겠다고 했더니 어묵을 서비스로 주셨는데… (말이 이어진다.)

이실용 프로: 아. 다음에 가봐야겠네요. 그럼 우리 이제 직원들이 선택할 봉사 선택지 만들면 되죠? 어떤 것이 좋을까요?

오로라 프로: 아! 맞다. 아이스 버킷 챌린지처럼 탄소배출 감소를 위한 자신의 의지를 담은 영상을 릴레이식으로 올리는 거 어때요?

이실용 프로: 만약 영상을 찍어 올리는 게 부담스러운 사람을 지목하면 어떡하죠? 현실적으로 보았을 때 계속 이어질 수 있는 실현 가능성이 낮아 보여요.

오로라 프로: 그런가요? 그럴 수 있는데, 분위기를 조성하면 회사 전체로도 퍼질 수도 있지 않을까요? 혹시 아나요. 이 캠페인이 전국적으로 전파될 수 있잖아요.

이실용 프로: 솔직히 회사에서 하는 자원봉사에 진심인 사람이 얼마나 될까요? 바로 현실 가능한 활동을 구상하면 어떨까요? 쓰레기 줍기나 재활용 비누 만들기 등이 더 실용적이지 않을까 싶은데요.

#(ENFP) 오로라 프로의 생각

회의를 인간미 없이 딱딱하게 진행하려면 채팅하는 게 낫지 않나? 말랑한 분위기에서 자유로운 아이디어가 떠오르고 최적의 방안이 도출된다 생각한다. 의견은 의견일 뿐인데 "너무 이상적이다", "현실적으로 어렵다"라는 말들로 내 생각을 위축시킨다. 게다가 이실용 프로의 머릿속엔 번거롭지 않고 쉬운 것만 선택하는 회로가 존재하는 것 같다. 환경개선은 지속적으로 실천해야 하는 부분인데 일회성 행사로 빨리 끝내 버리려는 듯한 태도가 아쉽다. 의견은 서로 다를 수 있지만, 의견을 주고받는 과정에서 상처받는 쪽이 '나'인 것은 한결같다.

#(ISTP) 이실용 프로의 생각

회의시간에는 회의에만 집중하면 좋겠다. 서로의 소중한 업무시간을 쪼개 하는 것인 만큼 효율적으로 운영되었으면 좋겠다. 회의실은 잡담 공간이 아니다. 더불어 아이디어에 대해서도 현실적인 방안들을 공유하였으면 좋겠다. 이상적인 생각도 물론 필요하다. 하지만 운영자 의욕만 앞선다고 될 일은 아니기에 실질적인 것부터 하나하나 확대해 나가야 한다고 생각한다. 그래서 오로라 프로와의 회의시간이 아깝다는 생각이 들 때가 있다. 시간도 오래 걸리고 너무 원대한 이야기로 허비되는 시간이 많기 때문이다.

#갈등의 해결책

오로라 프로와 이실용 프로는 우선순위로 생각하는 관점의 차이에서 갈등이 발생하고 있다. 그래서 이실용 프로는 오로라 프로가 원하는 '이상'이 '현실 이상'이란 생각이 들어 불편하다. 이 관점의 간격을 좁히기도 전에 감정 소모로 에너지를 낭비하고 있다. ISTP 유형의 열등기능은 감정(F)으로 상대방의 감정을 알아차리는데 둔감하다. 그래서 오로라 프로는 단칼에 "NO"라고 표현하는 이실용 프로가 부러우면서도 불편할 수 있다. 서로 다른 유형이 만날 때 서로의 감정선은 지켜주는 것이 특히 더 중요하다. 자칫 상대에 대한 선입견이 생겨버릴 수 있기 때문이다. 감정이 상하지 않게 말하는 방법은 간단하다. 상대의 의견을 평가하는 말을 하지 않는 것이다. 예를 들면 "의견이 너무 비관적이네요", "당신은 너무 이상적이야" 대신 "의견이 ○○한 부분에서 현실성을 고려해 봐야겠네요"라고 말하고, "당신의 의견은 너무 앞서가"라고 상대를 평가하는 말보다는 "당신의 ○○한 행동은 저를 놀라게 합니다"라고 표현만 바꿔도 감정 소모로 낭비된 에너지를 비축할 수 있다.

슬럼프에 빠진 '나' 깨우는 방법

어떤 문제도 현명하게 해결할 수 있는 순발력을 가진 당신! 어디서든 해결사 같은 역할을 하는 당신의 문제는 누가 해결해 주나요? 그럴 땐 속으로만 끙끙 앓지 말고 사람들과 대화로 나눠보세요. 어쩌면 당신이 이러지도 저러지도 못하고 망설이다 놓치는 기회를 잡을 수 있을지 모릅니다. 당신 삶의 여정에선 무언가를 확실히 선택하고 결정하는 것이 익숙하지 않을 수 있습니다. 이는 간절히 바라고 전력 질주해서 맺었던 결실보단, 힘을 빼고 차분하게 임했을 때의 성과가 더 만족스러웠던 경험이 많아서 일지도 모릅니다. 당신의 삶에선 그것이 더 옳은 선택이었을 것입니다. 다른 사람들이 이뤄낸 성과를 보며 부러워하거나 비교하지 마세요. 인생은 장기전입니다. 지금의 '나'가 종착점은 아니니까요.

단, 주변을 살피며 함께 갈 동료를 찾아보세요. 혼자 가면 빨리 가지만 같이 가면 멀리 갈 수 있듯 주변 동료들과의 협업은 더딜 순 있지만 완벽해질 수 있습니다. 장기적 목표를 수립하는 것을 좋아하거나, 나를 잘 챙겨주는 누군가를 찾아보세요. 당신의 든든한 지원군이 될 수 있을 것입니다.

ENFJ

타인을 배려하는 평화주의자,
조배려 프로

유형의 업무 특징

: "당신이 필요할 것 같아 미리 준비했어요."

#제 말에 사람들은 기꺼이 내 편이 되어 줍니다

언변능숙형이라는 유형에 걸맞게 16가지 유형 중에서 말을 잘할 뿐 아니라 그들의 말은 상대방에게 가장 큰 힘을 준다. 말을 잘한다는 것은 곧 상대방의 마음을 흔드는데 능통하다는 의미이다. 이들이 말을 하면 이상하게 설득이 되면서 동의하게 되는 매력을 가졌다. 스스로는 느끼지 못할 수 있지만 이들의 말엔 협상 전문가들이나 가질법한 설득 요령을 가졌다.

먼저, 이해가 쉽도록 비유를 들어 설명하기 때문이다. 예를 들면 "그 경쟁사가 우리를 제치고 계약을 한 건 마티즈로 220km 밟아보겠다는 거죠"라며 상대방 머릿속에 쏙 들어가도록 그림을 그려주니 이해가 쉬워진다. 그뿐 아니라 상대방 동기와 욕구를 고려해 대화한다. "저희 회사 입장은 이렇습니다"가 아니라 "이 거래에서 당신은 ○○한 이득이 있어요"라고 상대에게 유익한 점을 언급해 내 편으로 만들어 버린다. 성격으로부터 WIN-WIN 하는 협상 전략을 터득한 것 같다. 그래서 이들은 평소 리더십 있다는 이야기를 듣기도 한다.

ENFJ 유형은 출근과 동시에 동료들의 머리 위에 바이오리듬과 감정선이 표시된다. 신경 쓰지 않으려 해도 말초신경으로부터 감지되어 그냥 지나치기가 어렵다. 넓고 깊은 배려심 때문에 반응에 하나하나 신경을 쓰다 정작 내 의견을 피력하지 못한 적이 많다. 혹자는 동료의 일을 도와주다 자신의 마감 기한을 놓쳐 손해를 본 적이 있다 할 만큼 동료들과 협조적인 모습을 발휘하곤 한다. 지금도 이들은 타인을 열심히 돕고 있을지 모른다. 그 덕에 주변 사람들에게도 종합상담소로 통한다. 종합상담소의 문전성시 비결은 충분한 공감과 감정이입이 상대방에게 큰 위로를 주기 때문이다. 그러다 보니 외향형임에도 불구하고 "타인과 만남에서 에너지가 소진될 때가 있는데 내가 내향형인지 헷갈려요"라고 말한다. 그래서 때론 내향형처럼 독립적이거나, 혼자만의 시간을 보내면서 에너지를 충전 받기도 한다.

#존경할 사람이 너무 많아요

성공한 사업가들의 성공담만 들어도 내 마음이 설렌다. ENFJ 유형의 능력 중 하나는 여러 업계의 다양한 사람들을 만나 그들에게서 배울 점을 찾는 것이다. 그들이 정말 배울 점이 많아서일까? 다른 유형들에게는 평범하게 들릴 수 있는 일화가 이들에겐 성공담으로 들린다. 심지어 주변에 평범한 사람들도 이들과 함께라면 많은 강점을 가진 특별한 사람이 된다. 그래서 함께 일했던 동료가 좋았다면 그것을 혼자만 알지 않고, 주변 사람에게 알리는 편이다.

#사람들이 저의 진심을 의심해요

ENFJ 유형의 말엔 "해보고 싶다", "재미있겠다", "멋있다", "배우고 싶다" 등 응원이나 칭찬, 감탄사가 가득하다. 이 모습이 익숙하지 않은 사람들은 진심의 농도를 의심하기도 한다. 한 일화로 A 팀장이 ENFJ 유형 직원에게 업무와 관련해 편잔과 위험 가능성을 지적했을 때에도 불구하고 "아! 팀장님의 인사이트 대단하세요. 왜 이런 위험 요소가 저는 안 보이죠? 오늘도 팀장님께 많이 배워요"라고 긍정의 말로 화답했다고 한다. 자칫 A 팀장에게 가식으로 보일 수 있는 순간이다. 하지만 이들의 진심은 80% 이상일 것이다. 물론 그중 20%는 과장일 수 있지만 이는 관계가 중요하기에 악의 없이 건네는 대답일 것이다.

어느 날 상사에게 "일머리가 있네"라는 칭찬을 들은 날 이들은 귀갓길 지인과의 통화에서 칭찬받은 일을 자랑하는가 하면, 샤워하면서도 웃음 짓곤 한다. 이들에게 칭찬은 삶과 일에 동력이 되는 중요한 것이다. 그만큼 관계 안에서 상호작용이 중요한 편이다. 그러다 보니 때론, 관계 때문에 자신 업무가 지연되는 등의 손해를 감수하기도 하기도 한다. 상대방 요청에 거절 못 해 산더미처럼 쌓인 일을 꾸역꾸역한다. NF 유형의 사람들은 인간관계에 대한 의망을 넘어 의무을 가진듯하지만, 그중에서도 ENFJ 유형은 가장 강렬한 압박감을 느끼는 편이다.

유형에 딱 맞는 업무 환경

#말로 마음을 끌어당길 자신 있어요

언변이 화려해 어떤 직장에서든 존재감을 드러내는 경우가 많은데 이들의 더 큰 능력은 경청과 공감을 잘하는 데 있다. 게다가 일을 수행하는 능력까지 탁월해 직장에서 인정받는 인재 POOL에 속해있을지 모른다. 반면 연구, 물류, 통계 등 사람들과의 상호

작용이 많지 않은 직업에선 입이 간질간질해 견디기 어려울 수 있다. 이들은 어떤 업무에서든 사람들과의 조화를 이루며 아이디어를 개진시켜 함께 해결해 나가는 업무에서 만족감을 느낀다. 이렇게 협업에서 성과를 잘 낼 수 있는 재능을 발휘하면 더 좋은 결과를 볼 수 있을 것이다.

#꿈의 직장 어딘가엔 있을 거예요

일에 있어서 일명 '완전지향주의' 성향을 가지고 있다. ESTJ 유형은 성과 대비 만족스러운 물질적인 보상(복지 포함)을, INFP 유형은 성장의 가능성을, ESFJ 유형은 동료와의 좋은 관계가 직장에서의 만족도를 좌우하는 중요한 지표가 된다. 반면 ENFJ 유형은 이 모든 것을 충족하는 직장을 찾는 경향이 있다. 그리고 그것이 맞지 않는다 싶으면 조용히 구직사이트에 접속해 어딘가에 있을 꿈의 직장을 찾고 있을지 모른다. 다만 남들에겐 중요한 조건인데 이들에겐 덜 중요한 조건도 있다. 안정적인 체계가 이미 갖춰진 직장보단 자신과 회사가 함께 성장의 기쁨을 느낄 수 있는 곳을 선호하는 편이며, 지나친 경쟁보다는 직원 하나하나의 존재 가치를 중요시 생각하는 직장에서 더 큰 만족을 느낄 수 있다.

혹시 시간을 쪼개가며 책을 읽거나, 퇴근 후에도 쉬지 않고 자기 성장을 위한 모임에 참여하는가? 이들은 무언가 배우는데 큰 욕구와 갈망을 가지고 있는 편이기 때문에 끊임없이 자기개발을 갈구하는 편으로 이런 능력을 요구하는 직군이라면 안성맞춤이다. 다만, 타인의 마음도 나와 같을 것이라는 착각에 빠져 사랑하는 동료들에게도 자신이 좋았던 책이나 강좌 등을 강요하고 있을지 모른다. 누군가의 멘토나 리더가 되었다면 더더욱 그렇다. 너무 많은 양의 자기성장을 요구하는 당신을 부담스러워 할 수 있으므로 상대와 방향과 속도가 같은지 중간중간 체크해 나가길 바란다.

#아직 저에겐 28가지 꿈이 남아있습니다

무엇이든 긍정적으로 임하고, 하고 싶은 것도 많은 당신에겐 직업도 다양하게 경험하고 싶을 것이다. 남들은 나에게 맞는 능력과 직업 한 가지도 찾기 힘들지만, 이들은 세상에 모든 직업에 관심이 간다. 회계사, 유튜버, 컨설턴트 등이 다양한 직업에는 나름의 매력이 있다. 그래서 현재 자신의 직종에 한계를 경험하면 또 다른 직업에 호기심을 품기도 한다. 왜냐하면 여전히 자신이

하고 싶은 일은 많기 때문이다.

평소엔 칭찬과 격려로 친근하게 다가가고, 중요한 순간엔 해결사 역할까지 해 주는 당신을 동료들은 따뜻한 카리스마로 기억할 것이다. 또한 동료들의 미래를 위해 개개인에게 맞는 성장 발판을 제공해 주려 노력하기 때문에 누군가에게 도움을 줄 수 있는 카운슬링의 직업이 제격이다. 또, 보이지 않는 미래에 기대와 희망으로 남들에겐 무모해 보일 수 있는 스타트업을 경영하기도 하는데 직원들에게 화려한 언변으로 멋진 미래를 그려주며 회사를 이끌어나가는 데도 탁월한 능력을 갖췄다. 그래서 이런 기발한 아이디어와 리더십을 바탕으로 스타트업을 경영하는 대표들도 많이 있다. 단, 이것이 통하는 직원이라면 말이다.

유형의 업무 강점 및 추천 진로

– 강한 책임감을 통해 어떻게든 주어진 업무를 완수하려 한다.

– 의외의 빈틈도 보이긴 하지만, 일의 빠른 결정과 추진력 하나 만큼은 탁월하다.

– 상대의 어려움을 그냥 지나치지 못해 오지랖 넓게 상대를 짐작 하여 돕는다.

– 서로 격려와 독려할 수 있는 업무 환경을 조성한다.

– 상대방의 말에 깊이 공감해줄 뿐 아니라 현명한 솔루션까지 제 시한다.

– 빠른 업무처리가 필요하다면 당신이 제격일 수 있다.

– 새롭게 도전하는 업무를 즐기고 체계도 잘 잡아 나간다.

* 추천 진로: 교육·경영컨설턴트, 빅데이터 분석가, 교사, 상담사, 기업영업, 트레이너, 코치, 사회운동가, 봉사단체, PD, 외교관 등.

반대유형과 생길 수 있는 갈등의 순간

김신중(ISTJ) 팀장은 조배려(ENFJ) 프로와 회사 전체에 생수를 공급해줄 새로운 파트너사를 찾는 중이다.

조배려 프로: 팀장님, 이 제안서 보셨어요? 여러 제안서 중 A 업체 제안서가 제일 감각이 있어 보이더라고요. 이 캐치프레이즈 문구 보세요. "새로운 물에서 놀아야지" 하하.

김신중 팀장: 거긴 회사 신뢰도가 좀 걱정이 되던데... 설립된 지 얼마 안 된 것 같더라고. 음... 거기 물의 유통기한은 얼마나 되죠?

조배려 프로: 잠시만요. 찾아보니 다른 곳에 비해 유통기한이 짧네요. 그럼 팀장님께서 보신 업체 중 어떤 곳이 좋으세요?

김신중 팀장: 아무래도 물 하면 ○○ 브랜드의 점유비가 제일 높죠. 가격만 잘 협상해보면 될 것 같은데, 조배려 프로가 내고 좀 시도해 보는 게 어때요?

조배려 프로: 아 그렇게 생각하실 줄 알고 담당자와 가격 협상을 좀 해봤는데요. 물량 공급 사정으로 가격 협상이 좀 어려울 것 같더라고요.

김신중 팀장: 음... 한번 결정하면 바꾸기 어려우니 다른 곳 좀 더 찾아봐 주세요.

#(ISTJ) 김신중 팀장의 생각

조배려 프로는 상사의 스타일에 맞춰 일을 알아서 처리해준다. 다만, 너무 추진력 있게 처리해서 나보다 몇 발자국 앞서 있는데 이것이 때론 내 기준에선 대충 추진하려는 것 같아 아쉽다. 그리고 본인 기대에 맞는 반응을 해주지 않으면 표정으로 드러나 있다.

#(ENFJ) 조배려 프로의 생각

신중하게 일을 처리하는 팀장님의 스타일을 알기에 미리 고심하여 선택지를 줄여 드렸는데 더 찾아보라니. 그 좋던 꼼꼼함이 너무 답답하게 느껴진다. 모든 업무에 심혈을 기울이는 탓에 일에 진척이 안 되기 때문이다. 그래서 "이미 많이 알아봤거든요. 그냥 추진하시죠"라는 말이 턱밑까지 차올랐지만 나는 오늘도 잘 참았다.

#갈등의 해결책

조배려 프로의 추진력과 김신중 팀장의 신중함은 충돌의 여지가 다분하다. 이것은 어떤 한 사람의 잘못이라 할 순 없지만 표현 방법은 점검이 필요하다. 조배려 프로는 팀장과 반대되는 의견을 표현하는 게 쉽지 않겠지만, 팀장 입장에선 이미 표정으로 티가 나는데 표현하지 않는 것이 더 답답할 수 있다. 만약, 표현했더라도 당신의 완곡함으론 김신중 팀장 기분에 많은 타격을 주지 않을 것이다. 오히려 말없이 표정으로만 표현될 때가 더 언짢을 수 있으므로 나의 생각을 표현할까 말까 고민될 땐 그냥 한 번 표현해보자. 그래도 괜찮다. 조 프로가 기억해야 할 것은 갈등은 서로를 '헤치는 일'이 아니라 '더 완벽해지는 과정'이라는 사실이다. 그리고 당신은 이미 자신의 의견을 상대방 기분이 상하지 않도록 말하는 능력을 이미 가졌을지 모른다.

슬럼프에 빠진 '나' 깨우는 방법

#조 코치 Message

알기 어려운 사람의 마음을 잘 헤아리는 속 깊은 당신! 당신이 가진 일에 대한 센스, 상대를 향한 배려, 추진력 있는 카리스마는 그들의 칭찬이 아니어도 사라지지 않는 당신의 강점입니다. 그래서 누군가가 당신과 일하면 만족감이 클 것입니다. 그러나 상대를 향한 헌신으로 피로도 또한 상당할 것으로 예상합니다. 때론,

동료를 도와주다 실속을 못 차릴 때도 있어 손해 보는 마음도 들 것입니다. 그런 당신에게 "고맙다", "잘한다" 표현해 주지 않는 사람들을 보면 서운한 마음이 드는 것은 당연합니다. 그런 피드백이 오지 않을 때 당신은 허탈하고 배신감마저 들 수 있습니다. 이젠! 상대의 인정을 기다리기보단 나 스스로를 인정해주세요. 당신이 누군가에게 도움이 된 것만으로도 자신의 가치와 자존감이 올라갈 것입니다. 그만큼 당신은 필요한 존재라는 증거니까요.

혹시 슬럼프의 이유가 성장의 목마름을 채워주지 못하는 직장에 있다면 직장을 보는 눈이 너무 높은 건 아닌지 뒤돌아보세요. 일에서 성장은 같은 일을 하더라도 스스로의 행적을 살피며 생각에 잠겨 성찰해야 느낄 수 있는 것인데 이것을 느낄 여유조차 없다면 그 이유가 무엇인지 찾아보시기 바랍니다. 눈코 뜰 새 없이 바쁘다는 핑계로 성장의 기쁨을 느끼지 못하게 되면 당신은 이내 방전돼 버릴지 모릅니다. 배움과 성장은 당신에게 매우 중요한 충전제니까요. 그렇다고 퇴사를 쉽사리 고민하진 않았으면 합니다. 한 길을 걷는 꾸준함이 자기개발과 성장엔 가장 중요한 열쇠라는 것도 잊지 마세요. 그럼에도 출근길이 싫어진다면, 출근 전 시간을 활용해 할 수 있는 자기개발 목표를 설정해 보세요. 당신의 삶에 활력과 동기가 될 수 있습니다.

INFJ

CATEGORY 2.

영업관리팀

ESTP

팀의 특징

영업관리팀은 손익 관리, 영업 마케팅, 프로모션 기획, 재고 · 신상품 관리 등 영업 성공률을 높이기 위한 시너지 활동들을 담당하는 팀이다. 이 팀에 속한 이들은 현 상황의 문제점을 파악하는 분석력과 기획력이 요구된다. 지속적인 개인 단위 업무도 있지만 기획하는 일이 많기 때문에 새로움을 창출해야 하는 부담감이 크다. 아이디어 회의가 많은 편으로 다양한 생각과 자기표현이 중요한 팀이다.

팀 구성원 소개

**1. ESTJ
제일중 팀장**

제일중 팀장은 부지런히 출근하여 일과를 시작한다. 그는 빠르면서도 완결성 있는 업무 실력으로 팀장이 되기 전부터 일 잘하기로 유명했다. 그 덕에 영업관리팀은 사내에서 성과를 잘 내기로 소문나 있고 직원들의 성과급도 보장된다. 그러나 아이러니하게도 이직률은 조금 높은 편이다. 아마도 기대 수준이 높고, 하나하나 체크하는 팀장의 업무 스타일에 직원들이 압박을 느끼는 듯하다. 반대로 팀장 기준에선 직원들의 속도와 결과물에 아쉬움이 늘 있다. 그래서 이 팀에서 제일 바쁜 사람은 제일중 팀장이다.

* 특징: 예의 없는 사람은 참을 수 있어도 일 못하는 사람은 못 참는다.

2. INFP
박애주 프로

박애주 프로에겐 자신만의 세계가 있는 듯하다. 그렇다고 개인적이거나 이기적인 것은 절대 아니다. 상대에 대한 배려심도 많아 누군가와 대립이 있었던 적이 거의 없다. 그래서인지 사무실에서 박애주 프로의 목소리를 듣기 쉽지 않다. 대신 박애주 프로의 존재감은 온라인에서 드러난다. 박애주 프로가 업무상 작성한 홍보 글들은 늘 조회 수가 높은 편이다.

* 특징: 창밖을 바라보며 생각에 깊이 잠긴 모습을 자주 보이곤 한다.

3. ESTP
조정자 프로

진지한 분위기를 심각한 분위기로 인식하는 조정자 프로는 즐거운 농담으로 딱딱하게 뭉친 팀 분위기를 말랑하게 풀어준다. 이런 말랑하고 역동적인 현장에서 자신이 좀 더 살아있음을 느껴 사무실 책상을 지키는 일이 드물다. 이렇게 일도 회사 내 분위기도 압도할 줄 아는 카리스마에 동료들은 매력을 느낀다.

* 특징: 일 끝나고 술자리에 나를 불러줬으면 한다. 이런 자리에 내가 빠지면 서운하다.

4. INFJ
나안녕 프로

온화하고 조곤조곤 말하는 나안녕 프로는 일대일 관계에 강하다. 상대방의 마음을 잘 아는 따뜻함을 가지고 있는 데 반해 정작 나안녕 프로를 자세히 아는 사람은 거의 없다. 오래 봐온 동료도 알면 알수록 어려운 사람이라 말한다. 나안녕 프로는 극적인 밝음을 가지고 있지만, 왠지 모를 심오함과 우울함도 동시에 지니고 있는 듯하다.

* 특징: 사람들이 나안녕 프로와 1:1 대화만 나누면 고해성사를 하는 기분을 느낀다고 말한다.

회의실 안, 영업관리팀의 제일중(ESTJ) 팀장, 박애주(INFP) 프로, 조정자(ESTP) 프로, 나안녕(INFJ) 프로가 모여 상반기 실적 리뷰 및 하반기 보고회 준비에 한창이다.

제일중 팀장: 이번 상반기 실적 리뷰 발표 자료준비는 다 됐나?

박애주 프로: 네. 안 그래도 말씀드리고 싶었는데요.너무 바쁘신 것 같아 이야기할 기회를 엿보고 있었다. 거의 완료되었지만, 문제가 있었던 A 상품 실적을 제외할지 팀장님과 논의하고 싶습니다.

제일중 팀장: 바로 물어보고 빨리 처리했어야죠. 내가 바쁘면 보고회 안 할 거 아니잖아요? A 상품도 포함하세요. 그럼 그거 언제까지 해 줄 수 있는 거죠? 기한 내에는 반드시 해야 합니다. 자! 그다음, 하반기 기획 상품 발표를 어떤 콘셉트로 하는 게 좋겠어요?

조정자 프로: 지난번엔 상반기 보고회 반응을 살펴봤는데요. 자체적으로 촬영했던 영상이 호응이 좋고 재미있었다는 평가가 많더라고요. 현재 복고 열풍이 불고 있으니, 복고 캐릭터를 통해 영상을 찍으면 재밌지 않을까요?

나안녕 프로: (본인의 새로운 아이디어를 말할지 고민하다가 오~ 그것도 신선한데요! 조 프로님은 역시 위트 있는 발상이 너무 좋아요.

제일중 팀장: 음 그건 너무 상품이 가벼워 보이지 않을까 우려스러워요. 현실적으로 좀 더 상품이 확 와 닿을 수 있는 콘셉트를 찾아보는 게 좋을 것 같은데요.

나안녕 프로: 여름에 떠난 호캉스에서 생긴 일이라는 콘셉트로 하는 건 어떨까요?

제일중 팀장: 호캉스에서 무슨 일이 생겼는데? 좀 더 구체적으로 얘기해 줄 수 없나?

효과적인 협업 방법

#EST- 유형에게 제안합니다

EST- 유형은 기획할 때 완전히 새롭게 창조하기보단 근거를 기반으로 실현 가능성이 있는지를 따져본다. 그래서 INF- 유형의 생각은 뜬구름 잡는 듯한 감 잡기 어려운 이야기일 수 있다. 다이아몬드가 다듬어지기 전 돌로 존재하듯 잘 다듬어지지 않은 아이디어가 이들에겐 돌처럼 보일 수 있다. 지금은 너무 모호해 의미 없는 이야기로 들릴지라도 열린 마음으로 질문하면서 이해를 시도해 보자. 이 아이디어가 당신의 현실감각이라는 세공을 거치면 더욱 값진 아이디어를 만들어 낼 수 있을 것이다.

#INF- 유형에게 제안합니다

INF- 유형은 남들과는 다르게 기존에 없던 새로운 것을 추구해 생각해낸 아이디어가 EST- 유형 머릿속엔 아직 그려지지 않았다. 그들에게 여유를 갖고 이해시켜주는 과정이 필요하다. 그 여정에서 배려심 깊은 당신은 '내가 너무 엉뚱했나?'라며 주눅이 들 수도 있겠지만 그럴수록 확신에 찬 어조로 어필하는 태도가 필요하다. 서툰 의견 피력이 오히려 아이디어가 '모호하다', '뜬구름 잡는다'는 인식만 줄 수 있기 때문에 상세히 예시를 들며 설명한다면 이로운 쪽으로 의견이 반영될 가능성이 높아진다.

ESTJ

했다 하면 일등,
제일중 팀장

유형의 업무 특징

: "성과로 보여드리겠습니다. 결과는 보상으로 돌려주세요."

#시간 계획표를 안 짜면 불안해요

책임감으로 똘똘 뭉친 ESTJ 유형은 내뱉은 말을 지키려는 성향이 있다. 본인의 이름을 걸고 하는 업무인 만큼 잘해내고 싶은 열정과 욕심이 가득하다. 그래서인지 이들의 머릿속엔 일이 시간을 막론하고 떠나질 않는다. 이들은 기상과 동시에 업무 스위치가 켜지는 듯하다. 출근도 전에 그날의 할 일들을 머릿속에 이미 정리해 계획을 세운다. 주어진 시간 내 이리도 많은 양의 업무를 쳐내기 위해서는 계획만큼 중요한 게 없기 때문이다. 이렇게 집중력 있게 처리하다 보면 가장 먼저 결과물을 제출하는 사람이된다. 사실, 일을 내 손에 남겨두는 것을 못 견디기도 한다. 그래서 주변에서 이들을 일 중독자라 부르는 사람이 많다.

#제가 일을 좀 잘하죠

신속하면서 완벽하게 일을 처리하는 건 매우 어렵다. 하지만 ESTJ 유형은 이 어려운 일을 해내는 사람이다. 그 비결은 일에 대한 집중력! 이 하나만큼은 그야말로 최강자다. 집중력이란 말을 바꿔 말하면 일 외엔 관심이 없다는 말이기도 하다. 이렇게 일 중심적인 그들은 독한 상사는 참을 수 있어도 일 못하는 상사, 사람만 좋은 상사는 견디기 힘들 수 있다. 반대로 본인이 리더가 되어서도 이 기준으로 부하직원을 바라본다. 아무리 적극적인 예스맨 동료도 성과가 나지 않으면 역할을 주는 것이 불안해 우려를 표현하기도 한다. "잘할 수 있겠어?", "○○ 업무는 다 끝났나?", "일은 어디까지 됐니?"라며 세부적으로 하나하나 체크하다 보니 의도하진 않았지만 상대에게 압박감을 전달할 수 있다.

#철저하게 준비된 토론은 즐거워요

회의에서 한 팀원이 "저는 A안이 더 좋은 것 같아요. 신선하면서 새로운 맛이 있잖아요"라고 근거 없는 개인적 취향이 담긴 의견을 말했다. 그러자 ESTJ 유형은 "그건 설득력이 좀 없는 것 같은데요"라며 모두가 생각으로만 갖고 있던 말을 내뱉는다. 회의에서 상대방의 기분보다 중요한 건 올바른 결정이기 때문이다. 올바른 결정을 위해 정확한 근거나 명확한 이유가 필요하다는 것뿐 의견에 뒤끝은 없다. 조직은 과업을 위해 만났기 때문에 더 좋은 결과물을 위해 갈등은 당연한 과정으로 생각한다. 그래서 누구보다 치열하게 자신이 생각한 의견을 피력한다. 비장하게 회의실로 들어설 땐 자신의 주장을 뒷받침할 근거나 사례들은 물론 팀장님의 예상 Q&A까지 준비해 놨기에 두렵지 않다. 나의 주장을 피력하기 위해서는 사사로운 감정에 휘말려 할 말을 제때 하지 못하는 건 오히려 프로답지 못한 일이라 생각하는 편이다. 이렇게 준비한 만큼 내 의견이 채택되면 알 수 없는 희열감이 밀려오기도 한다. 반대로 자신의 생각을 피력하지 못한 날은 승부욕이 발동되어 잠 못 이루도록 고민에 빠지는 집요함을 보이기도 한다.

#감성적인 호소는 듣기 힘들어요

몇몇 리더들은 무리한 업무를 요구할 때 감정에 호소하며 "이번만 나 봐서라도 초과근무 좀 해줘! 도와주라 응?"이라고 말한다. 이들에게는 이 말이 이해하기 힘들 수 있다. 직장은 엄연히 자신의 노동에 대한 정당한 대가를 받으러 온 곳인데 '나 봐서라도', '이번만'이라는 말들로는 동정심이 깨어나지 않을 수 있다. 차라리 "이번 일한 것에 대해서는 언제까지 보상을 해드릴게요"라는 구체적인 대안이 이들에겐 설득력 있게 들린다. 이 가치관은 근무 중에도 이어진다. 회사에서 공과 사를 구분하지 못하고 업무 외 잡담이나, 메신저 타자 소리가 거슬리게 들린다. 안 보고 싫어도 디테일한 이들은 이 모든 게 신경 쓰인다. 이렇게 똑 부러지는 성격과 업무에만 열중하는 태도 때문에 인간미가 없다는 말을 가끔 듣기도 하지만 그 덕분에 감정에 휘둘리지 않고 공평하고 공정한 이미지로 통한다.

#인정받는 저를 주변에서 질투하기도 해요

이들이 직장에서 하는 소통은 업무의 목적성을 띤 경우가 대부분이다. 일에 있어 소통을 중요시하는 이들은 자신의 업무를 담당자와 유관부서 모두에게 메일로 공유한다. 이들이 맡는 업무는 회사에서도 중요하게 생각하는 경우가 많아, 당신이 어떤 업무를 하고 있는지 주변 동료들은 다 아는 편이다. 그 과정을 보면 자신의 업무가 '중요하다', '성과 내고 있다'라는 것을 계속 언급하며 어필하는 모습이 포착되기도 한다. 이처럼 이들의 기민한 소통방식 덕분에 중요한 업무로 각인이 되는 경우도 더러 있다. 이런 모습을 몇몇 동료들은 '너무 티 낸다'고 생각할 수도 있지만, 이들은 어차피 업무하러 온 공간이고 인정받는 내가 부러워서 샘내는 것이라며 개의치 않는 편이다. 이런 모습이 INFP 유형들에겐 '최강 멘탈'이라는 부러움을 사게 되는 이유이다.

유형에 딱 맞는 업무 환경

#성과에는 보상이 반드시 따라야죠

이들은 스스로 다른 동료에 비해 더 많은 양의 일을 문제없이 잘 처리하고 있다고 평가받는 편이다. 그만큼의 노력과 시간을 들이는 것도 사실이기에 보상은 당연하게 느껴질 수 있다. 그래서 그에 대한 평가를 받지 못했을 경우엔 그 어떤 유형보다 괴로워하며 받아들이는 데 시간이 걸린다. 상사와 면담을 신청해 이해될 만한 이유를 듣거나, 평가체계 개선의 필요성을 어필이라도 해야 한다고 말한다. 이들에게 인센티브는 돈 이상의 가치를 가진다. 내가 최선을 다한 것에 대해 회사에서 주는 보답인데 그 최선을 알아봐 주지 않는 곳이라면 다른 곳을 찾거나 이내, 방관의 자세로 바뀔 수 있다. 그래서 이들은 경쟁에 따른 보상이 주어지는 업무 환경에서 쫄깃한 긴장감과 성취감을 느끼기도 한다.

#꾸준함으로 리더까지 왔어요

일을 빨리 처리해 버려야 하는데 진척이 안 될 때 답답함을 참지 못해 자연스럽게 리더의 역할을 자처하는 경우가 많다. 그래서인지 ESTJ 유형은 종종 신입사원들도 "리더십 있다"는 소릴

든곤 한다. MBTI에서는 이들을 사업가 유형이라 말하지만, 실제 조직에서 빛을 발하는 경우가 많다. 왜냐하면 일에 대한 집중력과 추진력은 누구에게 밀리지 않지만 모험이나 무모한 도전에는 쉽사리 손이 가질 않는 편이기 때문이다. 그래서 이들은 처음부터 원대한 목표 '조직의 수장', '최고의 자리'의 욕심이 있다기보다 현실적인 목표를 꾸준히 이뤄나가는 것에 소질이 있는 편이라 어느덧 자연스럽게 조직의 수장이 되는 경우가 많다.

#정년이 보장되고, 체계가 잘 갖추어진 기업이 좋아요

한번 추진된 일에 체계를 잡고 조직화하는 것에 능하다. 'One' 보단 'One Team'의 위력을 알기에 업무를 매뉴얼화하는 것을 좋아하는 편이다. 그래야 질 높은 결과물을 동시에 만들어 낼 수 있기 때문이다. 이들은 Co-work에서 역량을 더 잘 발휘한다. '-STJ' 지표의 경향을 지닌 이들은 완벽주의적인 면모가 있어 타인에게 일을 잘 못 맡기지만 ESTJ 유형은 일도 잘 시키는 편이다. 업무를 맡길 때도 가이드를 명확히 주고, 중간중간 꼼꼼히 체크하여 결과물을 다듬는 능력이 탁월하기 때문이다. 다만 상대는 매뉴얼화된 대로 실수 없이 진행되어야 한다는 잔소리와 강요에 상당한 압박을 느끼고 있을 수 있다.

작은 물건을 사더라도 검색과 리뷰는 기본, 광고형 리뷰까지 살피며 과장광고를 걸러내는 이들은 정보수집파이다. 이들은 예상된 대로 이뤄지지 않거나, 자신이 손해 보는 걸 극도로 싫어하는 편이다. 그래서 언제나 계획과 대비책이 있어야 불확실한 미래에 안정감이 생긴다고 믿는다. 사업계획을 발표하는 날인데 시뮬레이션이 완벽하지 않으면 잠을 이룰 수가 없다. 만약에라도 예상 외 업무가 생기면 두뇌 회전이 마비된다는 것을 알기에 사업계획 발표 전 돌발 상황을 가정하여 대안을 만들어 놓는 편이다. 동료들은 이런 모습을 보며 "이렇게까지 해야 돼요?"라는 반응을 보일 수 있지만 이들은 계획대로 움직이는 삶에서 안정감과 편안함을 느끼는 편이다.

솔직함은 곧 신뢰라고 생각하기에 자신의 생각을 입 밖으로 내보이는 만큼, "뒤끝이 없다"는 말을 많이 하는 유형 중 하나다. 아무리 상사 할지라도 "팀장님, 솔직히 연차는 회사 것이 아니라 제 근속 연수에 따라 부여된 제 거잖아요. 제가 선택하는 게 맞지 않나요?"라며 입바른 소리를 하곤 "제 말이 맞잖아요. 틀렸나요?" 확인 사살까지 한다. 이들은 충분한 근거를 기반으로 맞는 말만 하기 때문에 논리적으로 반박하기 어렵다. 이들이 이렇게 말할 수 있는 이유는 자신의 일에 대해서 자신감이 있고, 사내에선 똑 부러지는 이미지로 비치는 것이 나쁘지 않다. 그래서 고객을 만날 때도 무조건적인 친절보다는 고객의 이득을 솔직하게 말하고 협상하는 영업을 선호하는 편이다. 그래서 이들에겐 솔직함이 사회생활에서 창과 방패로 활용되기도 한다.

유형의 업무 강점 및 추천 진로

- 누구에게도 지고 싶지 않아 어떤 업무든 책임감을 갖고 최선을 다한다.
- 세부적인 사항을 잘 점검하며 심사와 평가에 능하다.
- 주어진 시간 내 현실적인 목표를 가지고 효율성 있게 업무를 처리해 나간다.
- 타인에게 업무를 부여할 땐 업무에서 기대하는 바, 세부 가이드를 명확히 전달한다.
- 자기 확신이 강하고 자신이 내뱉은 말을 지키려 하는 모습에 동료들은 신뢰를 느낀다.

– 감정에 흔들리지 않고 계획적으로 처리해 실수가 적고 결과물 수준이 높다.

– 객관적인 평가 기준을 가지고 상대방에게 현실적으로 조언과 직언을 한다.

* 추천 진로: 공무원, 경찰관, 영업사원, 인증 심사, 신용 분석가, 건축 및 설계사, 제조, 생산관리, 행정관리, 프레젠테이터, 아나운서, 의사 등.

반대유형과 생길 수 있는 갈등의 순간

제일중(ESTJ) 팀장에게 박애주(INFP) 프로가 주간업무를 보고 중이다.

박애주 프로: 저번에 말씀하신 A 고객사 재고조사를 이번 주에 나갔는데요. 역시 팀장님 말씀대로 재고관리가 잘 안 되어있어 로스(전산 시스템에 재고수량과 달라 제품의 행적을 알 수 없는 경우가 많더라고요.

제일중 팀장: 거봐. 내가 그 업체 로스 많을 것 같더라니. 이번 달 로스율 높으면 안 되는데... 그럼 이거 어떻게 처리할 건가?

박애주 프로: 음... 그게... 타 업체도 재고조사를 해서 과입(전산보다 물량이 많이 들어간 경우)된 곳은 없는지 알아보겠습니다.

제일중 팀장: 좀 더 현실적인 대안이 있어야 하지 않겠어요?

박애주 프로: 죄송합니다.

김신중 팀장: 죄송할 일 만들지 말았어야지! 내가 2주 전부터 재고조사 나가보라고 했는데. 휴~ 그럼 A 고객사 팀장에게 전화해서 "○○ 이슈가 있어서 모두 떠안기 어렵습니다"라고 말하고 조율을 해보세요.

(INFP) 박애주 프로의 생각

박애주 프로는 내 업무까지 훤히 들여다보고 있는 것 같은 제일중 팀장이 가끔 소름 돋는다. 마치 사건을 예견한 것처럼 문제의 정곡을 찌른다. 워낙 디테일하게 체크하는 것은 좋지만 감시당하고 있다는 기분까지 든다. 그래서인지 팀장 앞에선 주눅이 들어 사소한 질문에도 얼어버린다. 팀장에겐 나의 '문제점만 보이나?'하는 서운함을 감출 수가 없다.

(ESTJ) 제일중 팀장의 생각

평소 온화한 박애주 프로의 인성이 좋다는 것은 알고 있지만 사람 좋다고 협업이 잘되는 건 아니다. 실제로 앞에서는 죄송하다고 말하는데 개선된 모습이 보이지 않으니 같은 실수를 반복하는 게 너무 화난다. '화내지 말아야지' 하면서도 저렇게 대안도 없이 회의에 들어온 수동적인 태도를 보면 나도 모르게 한숨이 나온다. 평소 목소리도 작아 일에 대한 자신감이 더 없어 보여 일을 맡기기 불안하다.

#갈등의 해결책

모든 가능성을 열어두는 INFP 유형의 박애주 프로. 일이든 생활이든 계획과 정답이 있어야 하는 제일중 팀장. 이 둘이 서로에게 아쉬움을 느끼는 건 어쩌면 당연한 결과다. 이때 서로의 특징과 선호하는 모습을 이해하는 것이 매우 중요하다. 그런데 대게 INFP 유형은 이런 상황에서 입을 닫는 경우가 많다. 논리적으로 맞는 말만 하는 ESTJ 유형에게 자신의 논리는 달걀로 바위 치기와 같다는 것을 잘 알아서일까. 갈등보다는 자책의 길을 택하는 편이다. 이때 ESTJ 유형의 팀장이 알아야 하는 것이 있다. 사람을 움직이는 힘은 논리가 아니라 감정인 경우가 많다는 것을 말이다. 특히나 더 감성적인 INFP 유형은 긴장을 많이 하게 되는데 긴장은 사고의 확장과 기억력을 방해하는 치명적인 요인이다. 그래서 그동안 당신은 박애주 프로의 제대로 된 실력을 보지 못했을 수 있다. 이제부턴 논리적인 설명보단 응원의 말이 효과적이라는 것을 인식하고 상세한 가이드보단 역질문을 통해 그의 문제해결력을 믿어보자. 가령 "어떻게 로스율을 줄일 수 있을까요?"라고 말이다. 혹시 "나는 질문 잘하는데요?"라고 반박하면 아래의 표에서 다시 점검해 보기를 바란다.

질문을 가장한 질책

"일을 왜 이렇게 만들어?" → 질책

"이거 어떻게 수습할 거야?" → 해결책 질문을 가장한 질책

"왜 이렇게 됐다고 생각해?" → 원인을 생각하지만 결국 질책

원인과 대안을 찾는 질문

"다른 곳에 비해 여기가 이렇게 된 이유는 뭐라고 생각해?"

→ 원인을 파악하는 질문

"이런 일이 생기기 전에 아는 방법은 뭐가 있죠?"

→ 원인을 파악하는 질문

"이전에 로스율이 높아서 어떤 방법을 썼었죠?"

→ 대안을 찾는 질문

"후배가 이런 일을 겪으면 어떤 해결책을 제시해 줄 거죠?"

→ 대안을 찾는 질문

"우리 팀에서 어떤 사람으로 인정받고 싶어요?"

→ 일의 의미와 자발성을 키우는 질문

"이 일이 잘된다면 어떤 의미가 있을까요?"

→ 일의 의미와 자발성을 키우는 질문

슬럼프에 빠진 '나' 깨우는 방법

조 코치 Message

똑 부러지고 명확한 성격의 소유자! 어디서든 일로서 인정받는 당신이기에 주변에서 많은 사람들이 당신을 필요로 합니다. 그런데 만약 당신이 가진 지위, 재산, 스펙이 없더라도 당신을 필요로 할까요? 혹시 "아니요"라고 말한다면 그동안 이 모든 것을 갖기 위해 치열하게 살아왔을 당신에게 응원의 메시지를 보내고 싶습니다. 찾아보면 당신의 존재 자체를 존중해 주고 귀하게 여겨줄 사람은 많습니다. 사람과의 관계도 내가 목적한 바에 따라 형성되기 때문에 나를 위로해줄 사람, 나의 단점도 보완해 줄 수 있는 사람을 찾는다면 충분히 그들로부터 많은 힘을 얻을 것입니다.

　당신은 달리는 법은 배웠지만 멈추는 법은 배우지 않은 듯 보입니다. '멈춘다'를 '뒤처진다'로 생각했다면 이제는 '충전하다'의 의미로도 생각해 보세요. 매일 8시간을 근무하더라도 업무 생산성엔 차이가 있습니다. 업무 생산성이 낮을 때를 살펴보면 야근이 잦거나, 휴가를 다녀온 다음 날 등으로 에너지가 소진돼 집중이 잘 안 되었을 것입니다. 사람은 충분히 충전된 상태여야 효율을 높일 수 있습니다. 당신은 주로 어떻게 충전을 하나요? 명확히 대답이 어렵다면 한 번 생각해 보세요. 충전은 단순히 잠을 자거나, TV를 보는 행위가 아니라 무언가를 배우거나, 친구와 깊은 대화에서 통찰력을 얻었을 때 진정 충전되었다고 말합니다. 지금, 당신은 충분히 충전되어 있나요?

INFP

모든 직원이 만족할 때까지,
박애주 프로

유형의 업무 특징

: "저는 괜찮아요. 혹시 저 때문에 불편하세요?"

#나는 상처 주지 않는데 왜 나에게 상처 주세요?

평소 온화하고 부드러운 성품으로 묵묵히 자신에 일을 수행하는 편이다. 이에 다소 소심해 보이는 모습이 걱정된 오지랖 넓은 동료들은 조언을 늘어놓는다. "내가 생각해서 하는 말인데...", "박 프로가 아쉬운 면이 하나 있는데..." 등 자신은 인정할 수 없는 말을 듣더라도 그 사람의 의도가 나쁘지 않았음을 알고 있기에 "감사하다"라고 표현하며 마무리한다. 그날 밤 그 조언으로 잠을 못 이룰 만큼 타인의 평가에 민감한 편이라 많은 고민에 빠질 순 있겠지만 이내 자신의 생각과 신념에는 흔들림이 없는 편이다. 이 유형을 잔다르크형이라 부르는 이유가 여기에 있다. 내가 진정으로 하고 싶은 일에서는 개척자 정신으로 해내기 때문이다.

#잠깐만요, 저에게도 생각할 시간을 주세요

내향형들은 흔히 혼자만의 시간을 갖는 것을 좋아하는데 혼자만의 시간에 무엇을 하는가? ESTJ 유형은 할 일을 정리하며 다음을 준비하는 편이고, ISFP 유형은 멍을 때리며 몸과 마음에 휴식을 선물한다. INFP 유형은 몸은 쉬고 있지만 머리는 미로를 찾는 중이다. 내 삶에 대해 고찰을 하다가, 어제 동료가 지나가듯 말한 것의 의미를 해석했다가, 갑자기 거울에 비친 자신의 모습을 보니 뿌리염색 시기가 지나 파뿌리가 된 머리카락이 보인다. 그래서 갑자기 예약 없이 갈 수 있는 헤어숍을 검색해 방문한다. 이렇게 어디로 튈지 모르는 생각들은 풀려고 할수록 더 엉켜버려 수납되지 않기도 한다. 아이러니하게도 이 복잡한 생각들 덕분에 기발한 아이디어가 떠오르는 기쁨도 있다.

#사람을 헤치면서까지 할 수 있는 일은 없죠

사람들을 이해할 수 있는 범위가 넓은 편이다. 자신이 기획한 일을 마치 본인이 한 것처럼 발표하는 상사를 보며 화는 나지만 '그럴 수도 있지. 어쨌든 의견을 많이 주셨으니까'라고 이해하려 애쓴다. 그러나 자신이 정말 중요하게 생각하는 포인트가 있는데 그것을 건드리게 될 경우 관계를 피하거나 손절하는 경우도 있다. "너는 그렇게 말하니까 자신감이 없어 보이지"라며 사람들 앞에서 나의 치부를 건드리는 친한 동료가 있다면, 그 자리에선 정색하진 않더라도 업무 외 대화에서 단절할 수도 있다.

어느 날 상사에게 업무에 대한 꾸지람을 듣는다. "이 일을 이번에도 놓치면 어쩌자는 거야?"라고 말하는 상사. 명확한 지시가 없었던 상사를 탓할 법한 상황에서도 '내가 왜 그랬을까? 상사에게 체크할 걸…'이라며 자책하는 길을 선택하는 편이다. 이런 실수로 자신감을 쉽게 잃고 무기력해진다. 그 이유는 무모할 정도로 자신에 대한 기대 수준이 매우 높기 때문이다. 자신이 상대의 니즈와 속도를 맞추면서 실수 없이 완벽히 일하기를 기대한다.

이들에게 최적의 장소는 단언컨대 '집'이다. 그래서 스트레스를 받으면 "집에 가고 싶다"는 말을 많이 하곤 한다. 집은 내향형에게 단순한 휴식의 공간을 넘어 가장 즐거운 놀이터이자, 스트레스의 안식처다. 내향형 중에서도 INFP 유형인 사람들에게 집은 더 큰 의미가 있다. 집 밖에서 발산하지 못했던 에너지를 가장 편히 생각하는 집에서 발산한다. 혼자서도 정신없이 이것저것 새로운 시도를 해보거나, 자기개발을 하는 등 에너지가 넘친다. 이들의 관계 속에서도 같은 패턴을 보이곤 한다. 친하지 않은 사람과는 매우 소극적인 자세를 취하다가 편안한 사람과는 밤새 이야기를 나누기도 하고 자기 사람에게 질투를 넘어선 집착을 보이기도 할 만큼 호불호가 명확하다. 그러나 이것을 잘 표출하지 못하기 때문에 사람들과의 관계에서 스트레스를 받는 경우가 많다. 그래서 실제 INFP 유형 중에서는 MBTI에 매우 관심을 가진 사람이 많다.

유형에 딱 맞는 업무 환경

#똑같은 일상이 안정적이라고요? 저는 지루해요

몸은 쉬더라도 머리가 쉬는 일이 없다. 끊임없이 새롭고 엉뚱한 상상을 생산하는 이들은 생각하는 데 많은 칼로리를 소모한다. 만약 수험생이라면 이것은 공부에 집중 못할 장애요소이겠지만 이런 능력을 필요로 하는 직장을 만나면 이야기는 달라진다. 주어진 업무에서 '어떻게 하면 좀 신선할까?'라는 생각으로 업무의 혁신과 변화를 일으킨다. 그 덕에 고객사들은 늘 새로움과 신선함을 선물 받는다. 다만, 품질이 일정하게 유지되어야 하는 회사에서는 이 점이 단점으로 작용할 수 있으므로 구직 전 자신에게 맞는 업무 환경을 잘 파악할 필요가 있다.

이들은 미래에 대해 낙관적 사고 회로를 가졌다. 일례로 중요한 고객사를 뺏기게 되어 매출의 30%가 하락할 수 있는 상황이다. 회사가 발칵 뒤집힐 만한 상황에서도 '결국은 잘되겠지. 또 다른 고객사를 찾으면 되지 않을까?'라며 긍정적 사고패턴을 잃지 않는 편이다. 다가올 미래에 대해 지나치리만큼 긍정적이다. 이들이 많이 사용하는 말 중엔 "어쩔 수 없죠", "그럴 수도 있죠"라는 말을 많이 한다. 이유는 기본적인 기질이 낙천적이거나 태연한 경우가 많고 16개 성격유형 중에서 가장 이상주의인 만큼 미래를 아름답게 그리는 편이다. 현실이 지옥같이 느껴지는 사람들에게는 이들의 넓고 긍정적인 관점이 힘을 줄 수 있을 것이다.

무언가를 선택함에 있어 많은 고민을 하는 편이라 물건을 구매할 때도 두 개의 상품을 양손에 쥐고 30분 넘는 고민 끝에 사놓고선 이내 아쉬웠는지 또다시 교환하기도 한다. 어떨 땐 두 개 다 사버려 선택의 후회를 줄인다. 이렇게 결정이 어려운 이유는 이상적인 모습을 그리는 이들의 마음에 '딱' 들기 어렵기 때문이다. 옆에서 선택의 도움을 주거나, 지시해 주면 과감한 실천력을 보이기도 한다. 이직을 고민 중인 혹자는 많은 사람에게 조언을 얻는다. "당신이라면 어떻게 할 것 같아요?" 이들에게 조언은 의사를 결정하는 데 지대한 영향을 미칠 수 있다. 자신의 미래임에도 불구하고 말이다. 반면, 꽂히는 일이 생기면 그것을 실행하는 것에는 거침이 없다. 이들은 밤을 새워 이력서와 자기소개서를 완성해 헤드헌터에게 이력서를 보내놓고 잠이 든다. 이내 후회하며 아침 메일을 취소할지도 모르지만 말이다.

#다른 사람들은 어떻게 살아가는지 궁금해요

다른 사람들은 어떤 생각을 하면서 어떻게 살아가는지 관심이 많은 편이다. 그런데 이 궁금증을 직접 사귀면서 경험으로 해결하기보단 책이나 성격유형 진단 등의 학문으로 접근하여 풀어간다. 이 도구의 개발자 중 한 명인 마이어스도 INFP 유형이다. 그래서 혹자는 이들을 '아싸 중에 인싸'라고도 표현하는데 점심을 같이 먹으러 가자고 하면 부담스럽다가도 안 물어봐 주면 서운할 수 있다. 깊은 관계로 진입하긴 어렵지만 그렇다고 소외되고 싶진 않은 욕구가 있기 때문이다. 이렇게 사람에 대한 관심이 있는 듯 없는 듯, 자기애가 있기도 없기도, 자신을 뭐라 딱 정의하기가 어렵기 때문에 사람을 연구하는 성향분석에 특히 많은 관심을 보이기도 한다.

#제가 좀 금사빠에요

좋아하는 사람이나 일을 만나면 엄청난 몰입력과 애착을 갖는다. 순간 몰입할 일이 있으면 끼니를 거르거나, 잠도 줄여가며 몰입할 만큼 열정적으로 달려든다. 관심 가는 일에 집중하고 있을 땐 불러도 모를 만큼 순간의 몰입력은 상상 그 이상이다. 이것은 어떤 물건을 구매할 때도 포함되는데 필(feel)에 꽂혀 물건을 사 모으다가도 막상 불필요하면 구석에 처박아 놓기도 한다. 이렇게 자신이 그려놓은 이상적인 관계나 직장생활을 꿈꾸다 보면 이내 실망감을 느껴 돌연 직장을 그만두기도 해 동료를 놀라게 할 수 있다.

유형의 업무 강점 및 추천 진로

– 긍정의 힘으로 주변 사람들에게 힘을 줄 수 있다.

– 현재 정체된 업무에서 변화와 혁신을 일으킬 수 있는 아이디어를 가지고 있다.

– 다른 사람들은 생각지도 못할 번뜩이는 아이디어로 주변을 놀라게 한다.

- 타인의 업무 지시에 수용적인 태도를 보인다.
- 서로의 감정을 살피고 잘할 수 있도록 독려하는 분위기를 만든다.
- 당사자보다 더 슬퍼하고 연민을 느낄 만큼 감정에 공감을 잘한다.
- 동료별 특성과 니즈를 간파하여 업무를 한다(다만, 동료의 니즈는 주관적 판단인 경우가 많다).

* 추천 진로: 심리컨설턴트, 심리학자, 순수과학, 예술인, 연예인, 작가, 저널리스트, 종교인, 음악가, 디자이너, 사회복지사 등.

반대유형과 생길 수 있는 갈등의 순간

박애주(INFP) 프로는 나안녕(INFJ) 프로와 신상품 콘셉트에 맞는 구매고객 사은 행사를 기획 중이다.

나안녕 프로: 이번 사은 행사는 어떻게 하면 좋을까요?

박애주 프로: 이번 신상품 콘셉트인 '힐링'에 맞춰 '힐링 캠프'를 주최해보는 건 어떨까요?

나안녕 프로: 오 좋은 것 같아요. 그럼 캠프 프로그램 가안을 짜볼까요? 산책, 스님의 강연, 미술치료, 묵언 수행 일정으로 짜면 좋겠네요.

박애주 프로: 아 제대로 힐링 되겠는데요? 역시 너무 좋은 아이디어가 많으신 것 같아요. 저도 참여하고 싶네요. 근데 너무 혼자 하는 활동만 있나요?

나안녕 프로: 그렇긴 하죠. 그런데 이래야 힐링이 되지 않을까요? 아 너무 어렵네요. 어떻게 하는 게 좋을 것 같아요?

박애주 프로: 그러게요. 저는 다 좋은데... 어떤 게 제일 좋으세요?

나안녕 프로: 음 저도요... 그럼 일단 기획안을 짜 보고 팀장님께 보고를 드려보죠.

(INFJ) 나안녕 프로의 생각

박애주 프로는 늘 항상 상대방의 의견을 존중하고 지지해 준다. 그래서 같이 아이디어를 모으면 신이 난다. 게다가 생각하는 코드까지 잘 맞아서 갈등이 일어서 의견을 조율하는 데 시간을 낭비할 일은 거의 없다. 단, 우리가 함께 쓴 기획안을 본 사람들은 "뜬구름 잡는다", "너무 이상적인 것 아니냐"라는 피드백을 받는다. 아마도 서로 의견에 반대하는 사람이 없어서 자꾸만 생각이 커져 그런 것 같다.

나안녕 프로는 현명하다. 자신의 의견을 말하기 전, 나의 의견을 먼저 물어 존중을 받는 느낌이다. 반면 의견을 결정하는데 너무 많은 시간이 걸린다. 서로가 좋다고만 하는 분위기니 무언가 하나로 결정을 내리기 어렵다.

#갈등의 해결책

조직에선 나와 다른 성향과 신념을 가진 이들이 많은데 이 둘은 비슷한 점이 많아 대화가 잘 통한다. 그러나 회사는 일하는 공간이다. 위험 사항을 감수하고 추진해 나가야 할 때 확실한 결정이 없으면 배가 산으로 갈 수 있다. 그래서 이럴 때 누군가 현명한 결정을 내리는 역할을 맡아야 하는데 이때 두 가지 전제가 필요하다. 첫째, 반대의견을 내는 것이 상대방의 의견을 부정하는 것이 아니라 회사에서 좀 더 적합한 방향을 찾아가는 과정이라는 생각의 전제가 필요하다. 둘째, '최고의 선택'이란 거의 불가능하다는 것을 인지할 필요가 있다. 타이밍, 기회, 실력 모두 맞아떨어지기 어렵기 때문이다. '최선의 선택'을 위해 고려할 사항을 정리하길 바란다. 위 상황을 예로 들면 이 캠프 내용이 적절한지를 판단하기 위해서는 '대중성이 있는가?', '예산에 적합한가?',

'홍보성이 있는가?' 등의 기준을 기록하고 체크해 보면 선택은 훨씬 쉬워질 것이다.

슬럼프에 빠진 '나' 깨우는 방법

#조 코치 Message

항상 긍정적인 마인드로 세상을 이롭게 만드는 당신! 당신 덕분에 아무리 어려운 상황에서도 긍정적인 면과 희망을 찾을 수 있습니다. 하지만 대부분의 상황에서 "YES"를 외치는 당신, 과연 좋은 관계를 위해서는 이 말뿐일까요? 몇몇 사람들은 "YES"만을 외치는 당신이 걱정될 수 있습니다. '이 말이 과연 진심일까?', '어떻게 마냥 항상 좋을 수 있지?', '진짜 괜찮다고?'라고 말이죠. 이것을 진심으로 받아들여 주지 못하는 사람들과는 손절하면 좋겠지만 회사에서 그 선택을 하기란 쉽지 않습니다.

당신의 말뜻이 잘 전달되기 위해서 '교류분석(TA)' 공부를 추천합니다. 교류분석은 개인의 성장과 변화를 위한 성격이론입니다. 사람들은 자기 의사표현에서 익숙한 대로 말하는 패턴이 있습니다. 예를 들어 누군가 점심 메뉴로 된장찌개를 먹자고 말했을 때 '싫다'라는 답을 각자의 방식대로 합니다. 누군가는 "그건 냄새나서 패스(A)", "또 된장찌개야?(P)", "좋아요. (나는 다른 거 먹게) 그럼 우리 푸드코트 가서 먹을까요?(C)"라고 말이죠. 이때 당신이라면 어떻게 표현할 건가요? 혹시 당신의 답변이 (C)의 답변이었나요? (C)의 답변은 상대를 배려하는 답변일지라도 상대에게 혼돈을 줄 수 있습니다. "좋아요"라는 말에 '싫은 것 같은데 왜 좋다고 말하지?'라고 말이죠. 이렇게 배려의 말이 다른 사람들에게는 진심을 의심하게 만들 수 있습니다. 그래서 누가 어떻게 말하는 패턴을 지녔는지 감안하여 표현하는 교류분석법을 이해한다면 당신은 상황과 사람에 따라 '말이 잘 통한다'는 느낌을 전달할 수 있을 뿐 아니라, 현명하게 자신의 의견을 어필할 수 있을 것입니다.

ESTP

흥 많은 중재자,
조정자 프로

유형의 업무 특징

: "노력하는 사람은 즐기는 사람을 이길 순 없죠."

#대중들에게 인기가 많아요

즐거움을 인생 최고의 가치로 삼는 이들은 직장이란 공간도 예외일 수 없다. 그가 있는 사무실 주변은 웃음소리가 끊이질 않는다. 그가 던지는 농담 한마디면 사람들이 까르르 박장대소한다. 이런 친화력 덕에 자기 팀 외에도 친한 동료들이 많아 유용한 정보를 공유하곤 한다. 이들에게 회사에서의 관계는 진정으로 마음을 나누는 깊은 관계보단 상호 필요한 존재로서 관계를 맺는 편이다. 그래서 같은 팀일 땐 매일같이 함께 점심을 먹던 사이였지만 팀이 바뀌고 만남이 뜸해진 이들에게 섭섭함을 느끼는 동료가 있을 수 있다.

#거부하면 반항아로 변합니다

스포츠를 즐기는 유형으로 승부욕이 넘치는 이들은 별것 아닌 말에 "내기할래요?"라며 승부를 걸기도 한다. 누군가에게 지는 것을 질색하는 편이다. 그러나 회사에서는 자신의 잘못을 인정하거나 의견을 굽히는 것도 필요하다. 하지만 이들은 누구에게 뒤지는 것을 별로 좋아하지 않기 때문에 본인의 잘못된 점을 지적 받는 일을 꺼리는 경향이 있다. 그래서 리더의 몇 마디 꾸지람에 변명을 순발력 있게 늘어놓기도 한다. 하지만 어디까지나 변명이 기에 '죄송하다'고 하면 끝날 일을 더 키우게 될 수 있다. 이 정도로 자신을 부정하거나 굽히는 일을 받아들이기 힘들어한다.

#폼생폼사 기질이 있어요

이들은 단번에 봐도 자기애가 강한 사람으로 사람들의 시선을 개의치 않는 것 같으면서도 타인에게 관심받고 싶은 마음이 공존한다. 사람들에게 잘 보이기 위해 센스 있는 패션 감각은 기본이다. 오늘의 옷차림이 맘에 들지 않으면 종일 그것이 신경쓰인다. 혹자는 지각하는 날에도 머리부터 발끝까지 평소와 같이 단장 후 출근한다. 이것은 겉으로 보이는 모습만이 아니다. 처음 만난 사람들이나 동료들에게는 유쾌하고 친절한 모습으로 호감 가는 인상을 준다. 반면, 자신과 가까운 사람에겐 상대적으로 홀대할 수 있다. 자신의 친한 사람이나 편한 동료에겐 직설적으로 말해 상처를 주기도 하고, 친한 동료를 놀림의 대상으로 만들어 웃음거리 삼는 행동을 하기도 한다.

성격이 급하고 결심한 것은 바로 실행에 옮겨야 직성이 풀린다. 해보지 않은 일에 있어 새롭게 경험하는 것을 즐기고 즉흥적으로 움직이기 때문에 위험이나 곤란에 빠지기도 한다. 만약 경쟁사에서 우리를 공격하는 듯한 프로모션의 현장을 목격한다면 다른 유형들은 어떻게 할까? 체계적으로 경쟁사 약점을 찾고 디스 프로모션을 계획할지, 방관할지를 고민 후 행동에 옮길 것이다. 반면 이들은 "한번 해보자는 겁니까?"라며 프로모션 하는 그 자리에서 훼방을 놓거나 바로 역공격하는 프로모션을 진행하는 등 즉시 실행하여 승부수를 던지는 타입이다. 그만큼 하고 싶은 건 바로바로 하고 살아야 하는 편이다.

가만히 지켜보니 A랑 B랑 사내 연애하죠?

동료들의 자리를 지나갈 때도 그냥 지나가는 일이 없다. 열중하는 동료들을 보면서 어떤 업무를 하고 있는지 딴짓을 하진 않는지 살펴보고, 주로 누구와 메신저를 하고 있는지 등 모든 현상을 순간적으로 잘 포착한다. 이렇듯 일에서도 현실적인 사안을 꿰뚫어 보는 관찰력이 좋다. 요즘 우리 팀장님이 어떤 일에 꽂혀 계신지 간파하고, 어떤 사람들이 주요 업무를 맡고 있으며, 이 팀

안에서 어떤 사람끼리 갈등을 겪고 있는지가 다 눈에 들어온다. 이런 관찰력 덕분에 핵심을 집어내는 능력 또한 탁월하다. 현 회사에서 가장 이슈는 무엇인지 파악하고 그것을 재빨리 우리 팀에 접목한다. 이렇게 전략가적인 모습을 보이며 회사생활을 하니 노력대비 많은 성과를 내기도 한다.

유형에 딱 맞는 업무 환경

#상황을 정리하고 중재하는 역할

처음 배치된 공간에서도 어색한 기색을 보이지 않고 신속히 부서에 적응한다. 어떤 사람이 새로 들어온 사람인지 구분이 안 될 정도다. 어떤 부분에서든 자신감 있고 망설임 없이 자신을 드러내는 모습이 사람들에게 적응을 잘하는 인상을 준다. 이런 적응력은 갈등과 분쟁의 상황에서도 발휘되어 상황을 정리하는 중재자 역할을 한다. 두 사람 간 갈등이 생긴 상황을 지켜본 ESTP 유형은 재빨리 상황을 간파하고 "자자 그렇게 팽팽하게 굴지 마시고 정리를 해 볼게요. 김 프로님은 학생들 입장에서, 이 프로는 선생님의 입장에서 보신 거잖아요. 그렇게까지 감정 상하지 마시고, 주중과 주말로 나눠 진행해 보면 어떨까요?"라며 각자의 상황을 정리하는 해결사가 된다.

뛰어난 상황대처 능력

평소 농담을 즐기는 이들은 가벼워 보이는 인상을 주지만, 이들의 진가는 문제가 생겼을 때 발휘된다. 빠른 판단력으로 상황을 해결하는 능력이 탁월하기 때문이다. 예를 들어 팀 단위로 보고를 들어간 자리에서 사장님의 갑작스러운 경쟁사 때문에 실패할 가능성을 질문을 받게 되면 이내 거기까지 생각 못한 잘못을 시인하거나 얼음이 될 수 있는데, 이들은 표정 하나 변하지 않고 확신 찬 어조로 "저희가 경쟁사에 질 확률은 0%라고 판단되어 그 부분까지 염두에 두지 않았습니다. 이는 ○○ 사례를 보아도 알 수 있습니다"라며 순발력 있고 설득력 높은 내용으로 당당하게 상황을 모면할 수 있다. 그래서 위기대처 능력이 요구되는 업무나 협상을 할 때 이들의 능력은 빛을 발한다.

오감으로 느끼는 현장성

출장도 갈 일 없이 가만히 앉아 근무해야 하는 직장생활은 당신을 오히려 지치게 만들 수 있다. 그래서 책상에 앉아 있는 것보단 현장 이곳저곳을 돌아다니는 것을 선호하며 생산성이 높다고 생각하는 편이다. 이 모습을 보고 있노라면 한 드라마 주인공의 명언이 떠오른다. 〈미생〉 속 한석율 사원의 "역시 현장이지 말입니다"라는 말이다. 현장의 경험으로 새겨진 자신감을 PT에서 발휘하는 장면의 대사였다. 이렇게 ESTP 유형의 사람들은 실제 "현장성이 있다고 생각하세요?", "현장의 반응이 중요하죠", "현장에서 먹힐까요?" 등의 질문을 자주 꺼내며 현장성을 강조하는 사람이 많다. 그만큼 합리적이고 실용적인 정보를 선호한다. 만약 새로운 판로를 개척해야 하는 상황을 만났다면 당신은 어떻게 하겠는가? 어떤 사람들은 관련 사이트에 검색하여 정보를 수집하는 반면, 이들은 관련 지인들을 직접 찾아다니며 얻어낸 고급 정보들을 바탕으로 판로를 개척할 수 있다.

#카리스마를 타고난 리더

그의 확신에 찬 어조라면 확실하지 않아도 확신은 줄 수 있다. 이들의 명확하고 힘 있는 목소리는 동료들로부터 카리스마를 느끼게 한다. 누군가를 설득하거나 사람들 앞에서 발표하는 자리에서도 자신의 위트 있는 멘트로 부드러운 분위기를 만들되, 계약을 망설이는 고객에겐 강한 카리스마로 계약을 이끌어 내는 고

유의 밀당 능력을 지녔다. 그러나 일로 자존심이 상했을 땐 완전한 방관자가 될 수 있으니 주의가 필요하다.

"너 이런 사람이지?" 이렇게 간파하려 하지 마세요

평소 자신을 표현하기를 좋아하는 유형으로 "난 이런 스타일이야. 나는 이런 걸 좋아해"라며 자신의 호불호를 어필한다. 그러나 반대로 당신을 보며 "당신 이런 타입이지?"라는 말로 당신을 간파하려 하는 것은 별로 좋아하지 않는다. 누구나 그렇겠지만 이들은 자신의 약점을 들키는 것을 극도로 싫어하기 때문이다. 이유는 그들의 열등기능은 감정(F)이기에 깊은 감정을 공유하는 관계보다는 서로가 즐겁고 화기애애한 분위기를 선호한다. 그래서 누군가 고민을 토로해서 분위기가 가라앉거나 나약한 모습을 보는 것을 불편하게 느끼기도 한다. 누군가의 의견을 경청하고 공감하는 상담보단 해결책을 모색하여 성과를 낼 수 있는 컨설팅 현장에서 해결사로 직접 나서는 역할이 더욱 잘 맞아 떨어질 수 있다.

유형의 업무 강점 및 추천 진로

- 현장에서 기지를 발휘해 해결사 역할을 자초한다. 다만 나와 관련 있는 일이어야 한다.
- 선의의 경쟁은 회사에서 반드시 필요한 요소라고 생각한다.
- 농담으로 주변 사람들을 즐겁게 해주고 분위기를 부드럽게 한다.
- 자신의 주장이 뚜렷하고 명확하여 카리스마 있다는 말을 듣는다.
- 뛰어난 임기응변으로 사람들을 설득시키고 마음을 움직인다.
- 귀신같은 감지력을 가지고 있으며, 상황을 간파하고 자신의 처세에 능하다.
- 필요한 순간에 나타나 중재자 역할을 통해 사람들의 의견을 정리해준다.

* 추천 진로: 스포츠 선수, 요리사, 보험설계사, 엔터테이너, 사회자, 경찰관, 소방관, 군장교, 여행 가이드, 변호사, 세일즈, 분쟁조정자, 기자 등.

조정자(ESTP) 프로는 제일중(ESTJ) 팀장과 현장에 필요한 교육을 기획 중이다.

조정자 프로: 팀장님, 이번에 고객사 실사를 다니며 알아낸 사실이 있습니다.

제일중 팀장: 뭐죠?

조정자 프로: 업무도 지켜보고 인터뷰도 해보니 우리 전산시스템을 다루는 일을 어려워하고 있었습니다.

제일중 팀장: 매뉴얼에 자세히 담아 배포했는데 그걸 보고도 어려워한다고요? 참 답답하네. 그럼 어떻게 하는 게 좋을까?

조정자 프로: 각자 프로님들의 담당 고객사별로 원정 교육을 나가면 어떨까 싶은데요?

제일중 프로: 그걸 할 수 있는 여유가 있어요? 업무의 우선순위를 파악해야 하지 않겠어요? 우리에겐 효율성이 너무 떨어지는 일 같은데?

조정자 프로: 팀장님, 지금 현재 현장에서 잘못 입력하여 발생한 누수 건이 얼마나 많은 줄 아십니까? 5건 중 1건은 우리가 발견하여 일일이 수정하고 있습니다. 게다가 그걸 잘못 입력해서 재고관리도 잘 안 되고 있고요.

제일중 팀장: 그래요. 그것도 문제가 되겠네요. 그럼 어떻게 추진하시겠어요?

조정자 프로: (일의 결과가 겉으로 드러나지 않는) 교안 개발을 나안녕 프로와 하고, (일의 결과가 겉으로 표나는) 교육은 제가 직접 하겠습니다.

제일중 팀장: 음 그럼 언제까지 가능하시겠어요? 교육 전 제 앞에서 브리핑하는 거 잊지 마세요.

현상을 예리하게 잘 파악하는 것은 높이 사는 능력이다. 다른 사람들은 그냥 지나칠 수 있는 사안들을 간파하는 걸 보면 참 촉이 좋은 직원이다. 그런데 아쉬운 부분은 사람들과의 협력에서 같이 일하는 사람들의 불만이 나올 수 있다. 일의 결과가 겉으로 두드러지는 일들은 자신이 하려고 하고 궂은일은 책임을 안 지려고 하는 부분이 아쉽다. 그것이 결과를 내는 데 문제는 없지만 팀장의 입장에선 팀원 관리 차원에서 모른척하기 어렵다.

제일중 팀장은 성과 하나는 참 잘 낸다. 그러나 너무 타이트한 관리가 팀원을 힘들게 한다. 나는 자유로운 환경에서 좀 더 자율적인 업무와 시너지가 날 수 있다고 생각하는데 일의 진척도를 하나하나 체크하려고 하니 그 점이 나의 역량을 펼치는 데 방해가 될 때가 있다. 리더는 '현미경' 같은 세밀한 관점도 필요하지만 '오버뷰(overview)'의 능력도 필요하다고 생각한다

둘은 업무를 바라보는 시각이나 추구하는 방향이 비슷할 수 있다. 업무를 할 때 이들이 잘하는 것은 문제점을 파악해 그것을 개선해 나가는 일이다. 둘의 차이점도 존재한다. ESTP 유형은 문제를 발견하여 즉시 시작하고 추진하는 강점이 있지만 ESTJ 유형은 결과물을 도출해내는 것까지 높은 수준을 기대할 수 있다. 이 때문에 둘은 상호 보완의 관계가 될 수 있는 동시에 갈등이 생길 수도 있다. 책임감이 강하고 결과가 중요한 제일중 팀장에겐 일 처리가 흐지부지되어가는 모습이 못마땅하게 느껴질 것이다. 그래서 중간중간 감시하듯 조 프로를 체크하게 될 수 있다. 그러므로 일을 착수하기 전 간트 차트(Gantt Chart) 등을 활용해 추진 일정을 사전에 상세히 공유한다면 서로가 안정적으로 느끼는 작업환경이 될 수 있을 것이다.

슬럼프에 빠진 '나' 깨우는 방법

주변에 웃음을 만개시켜주는 당신이 있어 조직은 활력을 얻을 수 있습니다. 또한, 당신의 디테일한 관찰력으로 문제를 발견하고 해결책까지 마련하는 당신은 조직에 없어서는 안 되는 매우 중요한 사람입니다. 그러나 자존심이 센 당신은 힘든 일을 위로받는 일도, 가까운 사람에게 사과하는 일도 쉽지 않습니다. 약한 모습을 보이기 싫어 즐거운 모습 뒤에 꼭꼭 숨겨놓았을 당신의 생각을 동료들은 전혀 눈치채지 못할 수 있습니다.

그러나 당신이 기억해야 할 사실이 있습니다. 당신의 힘든 모습이 가까운 사람들에게 어떻게 비추어질까요? 놀림거리나 나약한 이미지를 줄 것이라고 생각할 수도 있지만 긍정적인 면도 많습니다. 조직에서 신뢰관계를 쌓는 가장 효과 높은 방법은 자신의 취약성을 고백하는 것입니다. 나의 고민이 상대에게는 보완의 포인트가 될 수 있기 때문이고, 그로 인해 공유한 사람과의 관계는 더욱 단단해질 것입니다. 내 주변 가까운 사람들과의 끈끈한 관계는 인생에서 매우 중요한 가치입니다. 그러므로 그 관계를 놓치지 않기 위해 변함없는 노력과 존중이 필요합니다. 혹시 상처 주는 말이나 소홀함으로 섭섭함을 가까운 지인들과 멀어지진 않았나요? 그들이 떠나기 전에 후회하기 전에 노력을 기울이길 바랍니다. 이미 멀어진 관계가 있다면 섭섭한 건 없었는지 상대에게 질문해보세요. 그 사람은 당신이 들어줬다는 사실만으로도 상처받았던 말의 자국이 조금 지워질 수 있을 것입니다.

INFJ

내 안에서 나를 찾는,
나안녕 프로

유형의 업무 특징

: "제가 지금 좀 바빠서요. 혹시 급한 일이세요?"

#해야 할 일이 너무 많은데 못하고 있어요

항상 이리저리 바삐 움직이지만 자신의 계획을 지키기에는 역부족이다. 이들의 계획 속엔 잠자고, 숨 돌릴 시간은 들어있지 않다. 이들이 세운 계획표는 마치 인간의 한계에 도전하는 기네스북 같다. 퇴근 후 요일별로 정해놓은 일정이 빼곡하다. 월요일은 필라테스, 화요일은 공방, 수요일은 독서모임 등 벌여 놓은 일정 때문에 동료와의 번개는 꿈도 꾸기 어렵다. 이렇게 해도 모든 일정 소화가 어려웠던 자신을 보며 게을렀다고 자책하기도 한다. 이들이 이렇게나 눈코 뜰 새 없이 스케줄이 생겨난 이유는 자기 성장의 욕구 때문이다. 이들에게 학습은 언제 어디서나 일어난다. 갈등 상황을 멋지게 해결하는 ESTP 유형의 카리스마에서도, 반대의 의견을 똑 부러지게 피력하는 ESTJ 유형에게도, 이것저것 다양한 취미를 가진 ENFP 유형에게도 모두 배우고 싶어 한다. 이렇게 자신의 부족한 점을 채우기 위해 수강이나 독서를 계획하다 보면 순식간 스케줄이 가득 차 있어 내가 계획한 스케줄에 내가 스트레스받는 상황이 자주 만들어진다.

#감은 매우 좋은 편입니다

평소 말과 행동은 조심스러운 편이다. 그러나 갑작스럽게 미래를 예측할 때 "김 팀장님 이런 스타일이실 것 같은데...", "그 업체 결국 저희에게 연락 올 것 같아요"라며 확신에 찬 어조로 말할 때가 있다. 실제로 그것이 딱딱 들어맞기도 해 주변에서 자리 깔아도 되겠다는 탄성이 나오기도 한다. 이들의 주기능은 직관(N)으로 육감의 신호를 잘 캐치하여 상대를 파악하기 때문이다. 이것에 깊게 빠지지만 않는다면 유용하게 발휘될 수 있을 것이다. 다만 한 가지의 모습과 단서로 상상의 나래를 펼치는 것은 금물이다. '나한테 왜 이 말을 했지? 내가 못 미더운가?'라며 고민을 사서 하는 스타일이기도 하다. 하지만 그 고민조차도 위험 상황을 대처하기 위해 필요하다고 말하는 이들이다.

#저도 저를 모르겠어요

사람들에게 경계를 늦추지 않는 모습 때문에 주변에서 언뜻 보기엔 소심하다고 여겨질 수 있다. 그러나 오래 보면 볼수록 이들의 양파 같은 모습의 매력에 빠진다. 평생을 본 자신도 자신의 새로운 모습에 놀라곤 한다. 그래서인지 자신을 알고 싶어 하는 욕구가 매우 강하다. INFP 유형과 마찬가지로 MBTI 등 자신의 성격을 객관화할 수 있는 도구에 빠져들기도 한다. 또한 내면세계 갈등이 많기에 자존감이 흔들리는 경우가 많은데 이들은 무엇이든 부지런히 노력하여 극복하려는 의지가 있기에 이내 자기 중심을 잘 잡는다.

깊이 있는 원인분석에 능해요

다양한 사람들과 이야기 나누는 것을 불편해한다. 이유는 자신이 하고 싶은 심도 있는 대화를 하기 어렵기 때문이다. 이들이 주로 즐겨 하는 대화들은 "꿈이 뭐예요?", "당신만의 버킷리스트가 있나요?", "당신에게 행복은 뭔가요?" 등 심오하고 철학적이라 어리둥절한 반응이 예상되는 질문이다. 다소 영적인 대화를 좋아하는 이들은 일에서도 깊이 있는 원인분석과 핵심을 파악하려는 욕구가 있다. 예를 들어 프로젝트를 진행할 때 감각(S) 기능을 가진 사람들은 예산, 프로젝트 투입 인원, 일정 등에 관심이 있을 때 이들은 추진하는 배경, 목적과 의도 등 당장 진행을 위해 필요한 내용보다는 원리적인 숲에 관심을 갖는다. 그렇기 때문에 좀 더 핵심을 알고 접근할 수 있고 리더의 니즈를 잘 파악할 수 있다. 다만 리더와 커뮤니케이션이 원활히 이뤄지지 않으면 프로젝트가 너무 앞서 있거나, 산으로 가는 경우가 생길 수 있다. 그래서 이들이 일을 잘하기 위해서는 상호 원활한 소통을 할 수 있는 분위기 조성이 매우 중요하다.

#조심스러운 게 아니라 당연히 그래야 하지 않나요?

자신의 기준을 다른 동료들도 원한다고 생각한다. 그래서 상대방과의 업무 조율에서 지나치게 조심스럽게 말하는 경향이 있다. "김 프로님이 이 업무를 하게 되면 A까지 좀 더 봐 주셔야 할 것 같은데 진짜 괜찮으세요?"라며 조심스럽고 배려 있게 말하는 당신의 말투를 보며 동료들은 부드럽고 따뜻하며 배려심 많은 사람의 이미지를 그린다. 한다. 물론 맞는 말이지만 역으로 그런 존중을 받고 싶은 이유도 있다는 것을 동료들은 알아야 한다. 자신에 대한 배려가 없는 사람들에겐 불만을 토로하기보다는 관계의 단절을 선택할 수 있기 때문이다.

유형에 딱 맞는 업무 환경

#했던 거 자꾸 반복하라고 하면 너무 힘들어요

이들은 새로움을 느낄 때 가장 흥미롭다. 회사에서 신사업을 추진할 때 이들의 창의력과 통찰력이 회사에 큰 도움이 될 수 있다. 반대로 했던 일을 반복적으로 실수 없이 하는 것을 원한다면 이들은 직장에서 쉽게 지쳐버릴지 모른다. 궁극적으로 이들은 내향형이지만 '정체'되어 있는 것은 곧 '도태'된다고 생각하여 오늘도 하루하루를 치열하게 살아가고 있을 것이다. 그래서 일이 많은 곳, 새로운 시도가 필요한 곳에서는 버틸 수 있지만 일이 없으면 도태될지 모른다는 불안감에 퇴사를 고민할 수 있다.

#그렇게 하면 사람들에게 자랑하는 것 같지 않요?

주변 사람들과의 조화를 중요하게 생각한다. 사람들이 어떻게 자신을 볼지 지나치게 의식하고 좋은 사람으로 남고 싶어 한다. 이렇듯 성과에 대한 욕심은 있지만 동료들을 저버리면서까지 성과를 쫓는 일은 지양한다. 그래서 자신의 성과를 드러내거나 포장하는 표현력에 서툴 수 있다. 자신이 얼마나 많은 노력을 기울였는지, 어려움을 극복했는지 표현하는 것은 설치는 행동이라고도 생각한다. 자신의 성과에서도 겸손함을 보인다. 그러니 사람들과 지나친 경쟁 구도의 조직보다는 협력이 요구되는 조직에서 제대로 빛을 발할 수 있다.

#집중하고 있으면 누가 불러도 잘 몰라요

하나에 몰입하면 그 집중력은 엄청나다. 고집스러울 정도로 외골수적인 집념을 가지는데 하나에 깊게 파고들어 결과물을 도출하거나, 이론에 빠져 연구를 할 때 이 능력은 발휘된다. 그래서 업무에 집중하고 있으면 누가 불러도 잘 못 들을 수 있다. 일에 열중하고 있을 때 등 뒤에서 누군가 어떤 자료를 두고 간다는 말은 들었지만 기억을 하지 못한다. 나중에 '누가 여기다 두었지?' 하며 머리를 갸웃거리는 이런 장면은 이들에게 종종 일어날 수 있는 일이다. 이 역량은 한 가지에 몰입하여 새로운 것을 만들어내는 직업에서 매우 필요한 역량으로 이에 맞는 직장을 찾기를 권한다.

#사람들이 저보고 배려의 아이콘이래요

INFJ 유형은 같이 오래 일해보지 않아도 그 스타일을 간파하는 능력을 지녔다. 꼼꼼한 스타일의 상사에게도, 신속한 처리를 원하는 상사에게도 맞출 수 있는 능력이 있다. 한편 동료들과 같이 협업할 때에도 자신의 주장보단 동료와의 화합을 중요하게 생각하는 만큼 상대방을 배려하고 지지하는 것에 우선순위를 둔다. 그래서 동료들은 평소에 배려를 잘하는 당신과 일을 하면 편안함을 느낄 수 있다. 이 역량을 잘 발휘한다면 고객사와 대화나 컨설팅에서 상대가 어떤 심정을 느낄지 잘 공감해주어 당신과 마주하고 난 뒤엔 어떤 해결책보다 값진 마음의 안정을 얻어갈 수 있을 것이다.

#미래를 위해 저를 점검해 봅니다

내가 가는 인생의 길을 점검하고 지금보다 좀 더 나은 나를 만들기 위해 끊임없이 노력하는 당신은 현재 어디로 가고 있는지 앞으로 자신의 미래는 어떻게 발전시킬지에 대해 스스로 내적 질문을 많이 한다. 그래서 혹자는 노후에 가질 제2의 직업을 위해 퇴근 후 자격증 공부를 한다. 이렇게 끊임없이 자기반성과 자기개발이 필요한 직업인 상담직이나, 교육업을 갖게 된다면 인정받는 기회도 늘어날 것이다.

유형의 업무 강점 및 추천 진로

- 일에 몰입하는 엄청난 집중력을 가지고 있다.
- 미래를 예측하여 대비가 필요한 직업에서 능력을 발휘할 수 있다.
- 심도 있는 대화에서 자신의 매력을 발산시킨다.

– 질문으로 자신과 주변 사람들에게 성찰의 기회를 마련한다.

– 상대방의 니즈를 간파하여 일을 처리하려 함으로써 만족도가 높을 수 있다. 다만, 생각이 너무 많아서 엉뚱한 방향으로 흘러갈 수도 있다.

– 상대를 배려하는 마음이 깊어 동료가 생각하지 못한 부분까지 잘 챙겨준다.

– 사람들의 성장을 돕는데 진심을 다하며 살아있음을 느낀다.

* 추천 진로: 정신과 의사, 직업상담사, 아동복지사, 교육컨설턴트, 교사, 인사 및 교육담당자, 마케팅, 헤드헌터, 편집자 및 디렉터, PD 등.

반대유형과 생길 수 있는 갈등의 순간

나안녕(INFJ) 프로와 조정자(ESTP) 프로는 신상품 구매고객에게 증정할 사은품을 구상 중이다.

조정자 프로: 이번 신상품 콘셉트가 건강이잖아요. 구매한 고객들에게 건강과 관련된 증정 상품을 준다면 뭐가 있을까요? 건강보조제? 비타민? 제일 대중들이 무난하게 찾는 제품 아닐까요? 나 프로님 생각은 어떠세요?

나안녕 프로: 아, 그것들도 기존에 드시던 거니까 좋아하실 거 같긴 해요(근데 너무 뻔해요).

조정자 프로: 에이 보니깐 뭐 말씀하고 싶으신 게 있는데... 뭔데요?

나안녕 프로: 음... 좀 색다른 거 예를 들면 운동기구를 드리는 건 어떨까요?

조정자 프로: 운동기구요? 몇 명한테 선발해서 지급하는 건 효과성이 떨어지죠.

나안녕 프로: 아니면 건강 짐볼 같은 건 가격대도 비싸지 않고요.

조정자 프로: 건강 짐볼은 실용성이 떨어지지 않나요? 저도 받았는데 어떻게 쓰는지 몰라 못 쓰고 있거든요.

나안녕 프로: 유튜브 영상을 간단히 만들어서 건강 짐볼에 QR코드를 새기는 건 어때요?

조정자 프로: 사은품 하나(?)에 이렇게까지 심혈을 기울여 주시다니 역시!!

(ESTP) 조정자 프로의 생각

나안녕 프로는 사은품 하나에도 고민의 농도가 짙다. 다른 사람들보다 한 단계 더 들어간 생각을 하는 것 같다. 그래서 그런지 아이디어에 독창성이 묻어난다. 그 대신 같이 일할 때 번거로운 일이 많이 생긴다. 언제 건강 짐볼 강사를 섭외해서 영상 찍고, QR코드 인쇄까지 하겠는가. 항상 뭐든지 일을 재미있게 하려는 모습은 열정 있어 보이지만 너무 일을 벌여 주변을 피곤하게 하진 않았으면 한다.

#(INFJ) 나안녕 프로의 생각

조정자 프로는 회의시간에도 존재감을 드러낸다. 자신을 드러낼 기회가 있으면 타이밍을 놓치지 않아 회의를 리드할 때가 많다. 사람들에게 자기주장을 펼치는 것도 거침없다. 이런 부분은 내가 부러워하는 부분이기도 하다. 하지만 인정받는 일에만 몰두해 기회만 엿보는 것처럼 보여 아쉽다. 인정보단 일 자체를 즐기면 훨씬 더 재미있을 텐데 말이다. 일 또한 나의 성장의 기회라 생각하면 좋을 것 같다.

#갈등의 해결책

둘은 일을 바라보는 시각이 매우 다를 수 있다. 조정자 프로에게는 일은 일이다. 빨리 끝낼 수 있는 일은 빨리 끝내는 게 일을 잘하는 것이라고 믿는다. 하지만 나안녕 프로는 일에 대한 고민을 아끼지 않는 타입이다. 그러니 조 프로에게는 나 프로가 마냥 일 벌이기 좋아하는 사람으로 여겨질 수 있다. 이 둘의 합의점을 찾아야겠지만 그것이야말로 여우와 두루미가 같이 먹을 수 있는 그릇을 찾는 것처럼 매우 어려울 수 있다. 그렇다고 한쪽에 무조

건 맞출 수도 없으므로 제3자의 개입이나 서로 잘하는 강점 분야를 인정하는 단계가 필요하다. ESTP 유형은 현실 가능성을 고려한 효율적인 아이디어에서 빛을 발하며, INFJ 유형은 거시적인 관점으로 만족도 높은 아이디어를 내는데 능력을 발휘할 수 있다.

한편, 대안 없는 비난에 강해져야 할 필요가 있다. 그러기 위해 마셜 로젠버그(Marshall B. Rosenberg)의 "인간의 모든 말은 둘 중 하나다. Please(부탁) 혹은 Thank you(감사)이다"라는 말을 기억했으면 한다. 따라서 조 프로의 "건강 짐볼은 실용성이 떨어지지 않나요? 저도 받았는데 어떻게 쓰는지 몰라 못쓰고 있거든요"라는 말은 곧 "저에겐 너무 짐볼이 어려워요. 쉬운 것으로 할 수 있나요?"와 같이 부탁의 의미로 받아들이는 여유가 필요하다.

슬럼프에 빠진 '나' 깨우는 방법

#조 코치 Message

사람들이 처음엔 다가가기 어렵지만 한번 빠지면 헤어 나올 수 없는 매력을 가진 당신! 내 사람들에게는 한없이 따뜻한 쉼터 같은 당신! 상대방이 무엇이 필요한지 말하지 않아도 찰떡같이 알아봐 주는 당신이 있기에 사람들은 편안함을 느끼나 봅니다. 그런데 상대방을 살피느라 정작 자신을 돌보지 못하는 것 같습니다. 이제는 당신의 안녕을 살펴보았으면 합니다. 그러기 위해서는 먼저 '생각의 쉼'이 필요합니다. 당신은 일어나지도 않은 미래의 걱정과 남들의 생각까지 끌어와 고민하는 '고민 수집가'일 수 있습니다. 만약 오늘도 직장에서 A씨가 뱉은 의미심장한 말 때문에 신경 쓰인다면 그럼 당신의 머릿속 디스크 정리가 필요합니다. 가장 좋은 정리 방법은 자신에게 질문하지 말고 A씨에게 직접 물어보는 것입니다. "아까 저에게 이 말씀 하셨는데 어떤 의도가 있었던 거예요? 저는 이런 의미 같아서요"라고 단도직입적으로 물어본다면 아마 A씨는 자신이 했던 말인지 기억조차 못 할 가능성이 훨씬 큽니다. 당당하게 물어볼수록 당신의 머릿속은 여유 공간이 생겨나 훨씬 더 자유로운 당신이 될 수 있을 것입니다.

CATEGORY 3.

인사팀

팀의 특징

인사팀은 직원의 채용부터 퇴사까지 이들의 인적사항을 관리하고 그에 따른 보상을 제공하는 팀이다. 직장인들에게 채용, 급여, 평가, 교육이란 직장을 다니는 이유가 될 만큼 매우 중요하기 때문에 직원들은 인사팀에 관심이 많다. 그래서 직원들과의 원만한 관계가 요구되며 전 직원과의 관계를 잘 유지하고 있어야 팀 간 협조요청을 손쉽게 하여 도움받을 수 있다.

팀 구성원 소개

1. ESFJ
조화인 팀장

조화인 팀장은 주변 사람들에게 칭찬을 아끼지 않는다. "한우물 프로 정말 잘했어! 멋있었어!" 격려하여 직원들의 사기를 북돋는다. 그 덕에 조직원들과 우호적인 관계를 잘 유지하고 있다. 다만, 한 가지 흠이라면 주변 팀에게도 온화하다는 점이다. 이 때문에 다른 팀에서 어려워하는 일을 우리에게 부탁하면 거절하지 못하고 다 받아와 팀원들을 바쁘게 만든다.

* 특징: 야근이 잦은 만큼 조직원들의 식사를 살뜰히 잘 챙겨준다.

2. INTP
한우물 프로

한우물 프로는 실력 있다고 믿는 사람과 대화를 한다. 본인 역시 그 실력을 갖추기 위해 관련 서적을 끊임없이 읽으며 학습한다. 그만큼 업무에 대해선 한 프로보다 잘 알고 있는 사람은 거의 없다고 할 수 있다. 다만, 근무시간에도 학습이 이어져 일에 몰입할 시간을 빼앗기는 맹점이 있지만 말이다.

* 특징: 나와 대화를 하고 싶다면 이 분야에 공부를 해왔으면 한다. 이는 상하를 막론하고 적용된다.

3. ESFP
최고조 프로

열 맞춰 엄숙하게 일하는 사무실 사이로 고개를 들어 농담을 던져 한순간 웃음바다로 만드는 최 프로는 사무실에서 가장 사교성이 뛰어나다. 사람들과 잘 어울리는 만큼 회사에 대해 모르는 소식이 없는 소식통이다. 자칭 타칭 '핵인싸'라고 불리는 최 프로는 각종 행사, 회식에 빠지지 않고 참석한다. 이 덕분에 회사에서 실세로 불리는 다른 팀 팀장과도 친분이 꽤 두텁다. 인맥과 네트워크로 회사생활을 잘하고 있지만 그와 함께 일해본 사람들의 반응은 조금 다를 수 있다.

* 특징: 회사 내 최고조 프로와 식사나 술을 안 먹어본 사람은 없는 것 같다.

4. INTJ
신통해 프로

스마트함이 좔좔 흐르는 신통해 프로는 우리 팀의 브레인이다. 이성적이고 학문적인 설득력으로 조직의 주요한 의사결정에 영향력을 미친다. 때로는 너무 심오하면서 생뚱맞아 주변을 당황하게 하지만 이런 독특함이 인사팀에 새로운 통찰을 제공한다. 인사팀의 업무 프로세스를 혁신하고 개선하며 체계를 잡아가는 일등 공신이다. 하지만 이를 따르는 팀원 입장에선 계속 바뀌는 프로세스가 업무에 혼란을 준다고 말한다.

* 특징: 신통해 프로가 업무에 집중하고 있으면 옆에서 꽹과리를 쳐도 모른다. 실제 옆에서 생일 파티를 하고 있었는데도 기억을 하지 못한다.

어느 날, 인사팀의 조화인(ESFJ) 팀장, 한우물(INTP) 프로, 최고조 (ESFP) 프로, 신통해 프로(INTJ)가 모여 3분기 인사평가 결과를 정리 중이다.

조화인 팀장: 팀별로 인사평가 결과는 다 넘어왔나요?

신통해 프로: 네. 다 넘어왔는데 매번 팀마다 결과를 보내오는 방식이 다르다 보니 취합하는 데 시간이 오래 걸려 비효율적입니다. 체계를 만들어도 지켜주지 않아 화가 나네요. 잘못 보낸 팀은 패널티를 주는 방안도 고민해봐야 할 것 같습니다.

한우물 프로: 그들은 이 업무가 주가 아니니 어떻게든 빨리 처리하고 싶겠죠. 이기적인 조직문화와 제도가 문제인 것 같네요.

최고조 프로: 다들 좀 그런 분위기는 있는데, 일부러 그런 것도 아니고 너무 빡빡하게 진행하면 그들 입장에선 불만이 나올 수 있지 않을까요?

신통해 프로: 아니, 이렇게 가이드가 상세히 되어 있고 한 번만 읽어보면 다 알 수 있는데요.

최고조 프로: 에이~ 좋은 게 좋은 거라고 우리가 좀 번거롭더라도 한 번 더 손보지요. 뭐?

한우물 프로: 그럼 최 프로님이 취합해서 주시겠어요?

조화인 팀장: 자자. 이번에 양식을 바꾸게 되면서 팀장들에게 혼동을 줬을 거예요. 그래서 일단 한 번 더 받아보고 그때도 제멋대로 주는 사람들은 따로 알려줍시다.

효과적인 협업 방법

#ESF- 유형에게 제안합니다

ESF- 유형은 상대방을 배려하는 마음이 남다르다. 상호작용이 매우 중요한 이들은 상대의 말에 "맞아 맞아", "대박! 내 말이~" 라는 적극적인 표현으로 상대에게 공감한다. 반대로 상대에게 상처가 될 말은 최소화한다. 조직에서도 협력의 관계를 추구하지만 직장에서 갈등상황을 피할 순 없다. 이때 배려 많은 이들은 상대와 마찰이 빚어질까 봐 말을 아끼다 의견 피력을 피하기도 한다. 또한 의견을 피력할 때에도 "싫다", "불편하다", "어렵다" 등의 감정적인 표현으로는 동료들을 설득하기 어렵다. 근거를 들어 자신의 주장을 펼치되 "비효율적이다", "합리적이지 않다", "효과성이 없다" 등의 표현으로 상대를 설득해보길 권한다.

#INT- 유형에게 제안합니다

INT- 유형은 남들과는 다른 기존에 없었던 새로운 아이디어로 일을 추진하는 편인데, 그것이 동료에겐 기존에 보지 못했던 새롭고도 큰 그림일 수 있어 이해시키기 위해 많은 에너지를 쏟아야 한다. 그러나 참을성이 조금 부족하고 상대에게 내 아이디어를 피력하는 과정이 번거로워 "그냥 내가 하고 말지"라며 복잡한 과정을 생략하는 경향이 있다. 그런데 정말 내가 하고 나면 완전히 끝날까? 조직에선 우리가 설득하고 이해시켜야 하는 대상이 아직 많이 남아있을 것이다. 상사도, 상사의 상사도 여기에 포함된다. 즉 어차피 나의 어렵고 복잡한 생각을 정리해 말로 표현해야 할 순간이 언젠가는 찾아온다. 그러니 비유를 들어 쉽게 표현하고, 상대의 입장에서 이 일을 추진했을 때 이점이 무엇인지 정리하여 브리핑을 준비해 보길 권한다.

ESFJ

오지랖 넓은 엄격파,
조화인 팀장

유형의 업무 특징

: "너무 무리하지 마. 몸 생각하면서 하라고 홍삼 준비했어."

#안 그러고 싶은데 어느 순간 동료를 돕고 있어요

일에 열중하는데 옆자리에서 한숨 소리가 연이어 들린다. 아무리 바빠도 그 동료를 그냥 지나치지 못하고 "무슨 일이야?"라고 물어봐 주는 사람이 있다면 아마 ESFJ 유형일 것이다. 정작 본인은 잘 도와주지 못해 부족하다고 생각할지 모르지만 오히려 동료들이 보기엔 정 많고 주변 사람 잘 챙기는 이미지로 정평이 나 있을 것이다. 동료의 생일을 잊지 않고 챙겨주는가 하면 자신이 가진 쓸만한 물건을 주변 사람들에게 나누어 주는 등 베푸는 것이 몸에 밴 사람들이 많다. 다만 주변 동료들이 기억해야 할 것은 Give & Take가 있어야 한다는 것이다. 항상 베푸는 호의라 할지라도 고마워하는 마음이나 작은 성의 표현이 있어야 이들과 두터운 관계가 유지될 수 있다.

#직원들끼리 불화가 있으면 제가 더 불안해요

사람들과의 조화를 가장 중요하게 생각하는 이들은 협업하는 동료 중 누군가가 일방적인 손해를 보거나, 기분 나빠하는 상황을 불편하고 민감하게 느낄 수 있다. 이들은 자신의 조직이 분위기 좋고, 팀원들이 똘똘 뭉쳐 하나의 팀이 되기를 바라는 편이다. 그래서 이들이 가교 역할이나 상대방의 입장을 대변하는 일을 자처하는 경우가 많다. 그러나 조직에서 동료들 간 모두 친구가 될 수 없다는 것을 잘 알 것이다. 내 앞에서 A 동료를 홍보하는 B 동료의 말에 "그래 맞아. A씨가 좀 이기적으로 행동하는 면이 있긴 한데, 그래도 동료들 많이 생각하더라"라고 대변인 역할을 했는데 나중에 도리어 이간질을 했다는 누명을 쓰게 되는 경우를 왕왕 겪게 될 수 있다.

#회의하는 거니까 논다고 오해하지 마세요

다른 사람들에 비해 리액션이 큰 편으로 회의에서도 열렬한 방청객이 되어 공간의 분위기를 한껏 끌어 올린다. 그러나 회의실 밖까지 들려오는 이들의 웃음소리에 다른 동료들은 놀라 회의실을 들여다볼지 모른다. 배달의 민족의 회사인 우아한 형제들에서는 '잡담을 많이 나누는 것이 경쟁력이다'라는 사훈을 가지고 있기도 하다. 이런 회사에서는 이 분위기가 장려될 수도 있겠지만 보수적이고 전통적인 문화를 가진 회사에선 불안한 대상이 될 수 있다는 기억하는 것이 좋겠다.

세상에는 사귀어야 할 사람도 즐길 수 있는 다양한 취미도 너무 많다. 그래서 안 해본 취미가 없을 정도다. 사람들과 놀고 즐거운 시간을 보내는 것을 좋아하지만 그만큼 부지런히 움직여 자신에게 주어진 몫의 일은 미리미리 해 놓는 편이다. 일과 즐거움 두 마리 토끼를 모두 쫓는 사람들이기에 24시간이 늘 모자랄 것이다. 일할 때는 화장실 갈 시간도 쪼개가며 일을 한다. 그 덕에 ESFJ 유형에는 업무, 관계 모두 잘 해내는 프로 일잘러들이 많다.

#저도 모르게 자꾸 챙겨주게 돼요

불안한 사람을 보면 그 사람을 그냥 지나칠 수 없어 하나씩 챙겨주게 된다. "이거 기한 오늘까진데 다 하셨어요? 아직도 안 하신 거예요? 에휴~ 제 거 보세요"라며 챙겨주지 말아야 하지 하면서도 츤데레처럼 챙겨주는 자신을 발견한다. 이렇게 챙기다 보면 어느새 가까운 사이가 되어 있는 경우가 많다. 그래서 항상 주변에는 당신이 챙겨줘야 하는 사람이 가득하다. 그것이 너무 버겁다면 뫼비우스 띠의 시점이 어디였는지를 되짚어 보길 바란다. 아마도 자신으로부터 발생했을지 모른다.

유형에 딱 맞는 업무 환경

#서로 지지해 주는 분위기 조성하기

직장에서 관계의 의미를 중요하게 생각하는 이들은 서로 격려하고 인정해주는 분위기를 선호한다. 타인이 계약을 수주받을 때도, 승진했을 때도, 자신과 관계없는 일이라도 내 마음 편하기 위해서라도 축하해주고 지지해 준다. 함께한 일에도 "정말 잘했어. 자네 덕분이야"라고 말하며 상대의 능력을 칭찬하는 말을 아끼지 않는다. 자연스럽게 서로에 대한 경조사나 업무의 성과를 격려하는 분위기를 조성하는 데 큰 역할을 하는 이들이다. 반대로 상처 주는 말들이나 서로 헐뜯는 조직에서 견디는 것을 매우 힘들어하며 상처받는 말을 하는 사람과 단절을 택하는 경우도 있다.

#민주적인 의사결정이 가능한 곳

한 사람의 권위에 의해 일이 진행되는 것을 별로 선호하지 않는다. 만약 ESFJ 유형이 CEO가 된다면 권위적인 자리 배치나 사장실을 허물고 사장님이 직원을 챙기는 문화로 회사를 운영해 나갈 가능성이 크다. 회사의 주인은 자신이더라도 직원이 없으면 운영이 될 수 없다는 것을 잘 알기 때문이다. 이들은 즐기면서 일할 수 있는 분위기를 조성하려고 노력하며 실제로 일을 추진하는 사람들의 의견을 중요하게 생각한다. 그래서 의사결정에 주체적으로 참여할 수 있는 일은 빼놓지 않고 참여할 것이다. 만약, 당신이 리더가 아닌 조직원일지라도 마찬가지일 것이다. 지금도 자신의 자리에서 의무를 다한다는 책임감과 충성심, 성실함으로 그 회사에서 잘 해나가고 있을 것이기 때문이다.

#높은 텐션이 필요한 곳이라면 어디든지!

사람 만나는 걸 즐기는 당신은 예기치 않은 장소에서 만난 사람과도 친근한 관계를 맺을 수 있다는 큰 강점을 가졌다. 이렇게 어디서든 인맥을 넓힐 수 있는 능력으로 영업 분야와 서비스 분야에서 두각을 드러낼 수 있다. 상업적이지 않은 이미지로 진심을 담아 영업할 뿐 아니라 똑 부러지게 업무처리까지 해주니 계약 성사율과 유지율에서도 높은 결과를 보일 것이다. 외적인 것뿐 아니라 사내 동료와도 격 없이 지내는 친화력으로 일로 만난 사이라도 여행을 갈 만큼 가깝게 지내며 관계를 잘 유지하는 탓에 직장에서 적이 없고, 많은 동료들이 아군을 자처하기도 한다.

#예측이 가능한 일에서 느끼는 안전감

조직에서 지켜야 할 일정한 규칙이나 규율이 있어야 회사가 안정적으로 잘 돌아갈 수 있다고 믿기 때문에 이들의 일과도 일정한 루틴이 있는 삶에서 더 안전감을 느끼는 편이다. 그래서 규칙적으로 패턴이 있는 일들을 선호한다. 그중에서도 낮에는 고객사들과 협력으로 좋은 관계를 유지하고, 퇴근 후엔 자신의 여유가 보장되는 직장에서 이들의 만족감은 극대화되고, 좋은 성과를 낼 수 있다.

#보수적인 집단에서도 잘 적응하는 직원

활발한 성격으로 자유분방할 것 같은 이미지를 풍기지만 의외로 관습이나 규칙을 잘 따르는 반전 매력이 있다. 자신이 사용한 물건이 그대로 보존되는 것을 선호한다. 그만큼 자신이 가진 것을 잃는 것에 두려움이 있으며 반대로 기존의 업무가 새롭게 바뀌는 것에서 오는 두려움도 존재한다. 그래서 기존의 프로세스가 있다면 다소 비효율적이라 할지라도 잘 지켜나간다. 이렇듯 시시때때로 변화를 추구하는 리더들과는 호흡을 맞추기 어려울 수 있다. 하지만 특유의 충성심으로 이 또한 잘 적응할 수 있을 것이다. 그래서 회사를 선택할 때는 어느 정도 경험이 축적되어있는 안정적인 회사가 더 어울린다.

유형의 업무 강점 및 추천 진로

– 규율과 규칙 등 통제에 잘 따르는 편이다.

– 세심한 부분까지 관리하여 문제 발생률을 줄인다.

– 주변 사람들과 옹호적인 분위기를 형성하고 좋은 에너지를 주고받는 데에서 성과를 발휘한다.

– 사람들을 잘 챙기고 돕는 것에 최선을 다하고 존재감을 인정받는다.

– 프로세스가 잘 갖춰진 업무를 꾸준히 해내는 곳에서 능력을 발휘한다.

– 이것저것 만들어서 주변 사람들에게 나누는 것을 좋아한다.

– 예의를 갖추면서 사람들과 관계 맺는 것을 좋아한다.

* 추천 진로: 파티플래너, 여행가이드, 호텔리어, 승무원, 세일즈, 간호사, 예산 분석가, 생산관리, 공방, 전통 장인 등.

반대유형과 생길 수 있는 갈등의 순간

한우물(INTP) 프로와 조화인(ESFJ) 팀장은 1~2년 차 사원급 대상의 리프레시 교육을 위해 회의 중이다.

조화인 팀장: 이번 교육은 리프레시 교육인만큼 직원들이 좋은 기운 받을 수 있도록 공방 같은 곳에서 도자기를 만들며 힐링하는 프로그램은 어떨까? 혹시 한 프로도 생각한 아이디어 있어요?

한우물 프로: 요즘 친구들이 그런 거 좋아할까요? 사실 저는 사원급에게 힐링 교육을 하는 게 맞나 싶어요. 오히려 자신의 미래를 어떻게 설계할지 심도 있게 고민해 보는 교육이 필요한 것 같습니다.

조화인 팀장: 이 프로그램은 회사에서 계속 해왔던 프로그램이고, 교육 담당자도 이번 달에 하는 게 좋겠다는 의견 줘서 서둘러 진행하려 해요. 참석자 반응도 좋았고요. 그럼 항상 만족도가 좋았던 영화 인문학 과정을 넣어보면 어떨까? 팝콘도 먹으면서 쉼을 하면 생각해 보는 시간이 될 수 있잖아.

한우물 프로: 그렇게까지 세심한 배려! (박수를 치며) 역시 팀장님은 디테일 하세요.

조화인 팀장: 허허! 칭찬인 거지?

#(INTP) 한우물 프로의 생각

워낙 배려심 좋고 봉사를 좋아하는 팀장님인 건 알겠는데 진짜 의미 있는 것이 무엇인지를 생각하면서 일을 추진해 주었으면 한다. 그동안 해왔던 것을 고수하는 경향이 있어 의미가 퇴색되었음에도 진행되고 있는 교육 과정들이 한두 개가 아니다. 이제 실질적인 도움이 되는 교육을 위해 불필요한 과정은 없애는 단행을 해야 할 때가 아닌가 싶다. 좋은 게 좋은 것만은 아닌데 말이다.

#(ESFJ) 조화인 팀장의 생각

한우물 프로와 일할 때면 기운이 빠진다. 비판적인 태도 때문에 다소 일에 대한 열정을 느끼기 어렵다. 그리고 기존 것이 그대로 진행되는 데에는 그만한 이유가 있는 것인데 그것에 자꾸 혁신이라는 명분으로 '바꾸자'라고 주장한다. 거기까진 좋은데, 막상 대안을 들어보면 세부적인 가이드는 준비되지 않은 경우가 많아 당황할 때가 한두 번이 아니다.

#갈등의 해결책

결과를 내야만 하는 조화인 팀장과 자꾸만 기존에 것에 태클을 거는 듯한 한우물 프로의 의견을 좁히긴 어려울 것 같다. 조화인 팀장은 기존 것을 어떻게 하면 완벽하게 꾸려 나갈 것인가를 고민하고 있는데 한우물 프로는 과정 전체를 다시 생각하자는 등 자꾸 일을 초기화시켜버리기 때문이다. 조 팀장에게는 당위성이 중요하지만 한 프로에게는 효용성이 중요하다. 이 부분이 서로 협의가 되지 않은 상태에서 일이 추진된다면 아마도 충돌은 반복될 것이다. 그래서 한 프로에겐 사전에 취지와 일의 효용성에 대한 충분한 설명이 필요하다. 이후 한 프로에게 효용성을 높이기 위한 의견을 듣는 것도 좋은 방법이 될 것이다. 왜냐하면 한 프로는 자신에게서 도출된 의견으로 실행력이 극대화되기 때문이다.

슬럼프에 빠진 '나' 깨우는 방법

#조 코치 Message

함께 있는 것만으로도 주변 사람들에게 힘을 주는 당신! 항상 사람들에게 선한 영향력을 미치는 당신이기에 주변에는 사람이 끊임없이 당신을 찾을 것입니다. 하지만 정작 자신을 돌볼 시간은 부족할 수 있습니다. 사람들의 상태만 살피지 말고 자신의 상태도 살피는 시간을 가지는 것이 중요합니다. 나는 어떤 업무를 할 때 힘이 나는 사람인지 어떤 업무에서 에너지를 빼앗기는지 돌아보고 자신의 의견을 표현하지 않으면 상대방은 알아차리기 어렵습니다. 그래서 당신은 정중한 거절의 연습도 필요합니다. 당신의 생각만큼 거절로 상대가 큰 상처를 입지 않는다는 것을 인식할 필요가 있고 당신의 거절은 '부탁'에 대한 거절이지 그 '사람'에 대한 거절이 아니라는 것을 알아야 합니다.

만약 당신이 좋아하지 않는 순댓국을 동료가 먹으러 가자고 합니다. 속이 안 좋아 보이는 동료를 위해 그날 순댓국을 먹으러 갔는데 그다음부터 순댓국 먹을 때마다 그 동료는 나를 찾습니다. 그것은 누구의 잘못인가요? 순댓국을 좋아하지 않는다고 명확한 의사 표현을 하지 않은 자신의 잘못일까요? 상대의 취향에 관심을 가지지 않은 동료의 잘못일까요? 서로 특별한 잘못이 없었음에도 불편함을 느낄 것입니다. 이는 사소한 일상이지만 만약 일로 반영된다면 관계에도 영향을 미칠 수 있습니다. 거절이 어려워 자신의 의사표현을 아끼면 특별한 이유 없이 동료와 일하는 것이 불편해지게 될 테니까요. 이처럼 거절은 상대와 나를 더 솔직하게 연결해주는 힘도 가지고 있습니다. 건강한 관계는 거절, 고백, 부탁도 함께한다는 것을 기억하시길 바랍니다.

INTP

심연의 지식 전문가,
한우물 프로

유형의 업무 특징

: "일한 지 몇 년 차인데 모른다는 게 상식적으로 말이 되나요?"

#가만히 있어도 이런저런 생각에 머리가 아파요

'아이디어 뱅크'라는 이름에 걸맞게 다양한 생각에 잠기는 경우가 많다. '이 상품 모델을 경쟁사에서 먼저 선수 치면 우리는 어떤 대비책을 내놓지?', '기밀이 누출돼 해외 투자자들이 투자를 끊으면 우리 상품은 어떻게 자금조달 하지?', '그럼 법적인 건 누가 책임지지?' 등 머릿속에 다양한 가능성을 염두에 두고 생각하는데 이것은 걱정 많은 ISFJ 유형이 들어도 다소 엉뚱하다고 생각할 수 있다. 다른 유형들에겐 '대체 일어나긴 할까?' 싶은 상상들이지만 호기심 많은 이들은 여기에 그치지 않고 실제로 그런 일이 있었는지 찾아보거나, 관련 기반 지식을 학습하는 등 자신의 무지함을 반성하고 학습을 통해 지적인 욕구를 채워 나간다.

#용건만 간단히 하는 것이 좋아요

처음 만난 사람들과의 부자연스럽고 어색한 시간이 참기 힘들다. 효율적인 것을 중요하게 생각하는 이들은 이 시간이 의미 없고 불필요해 아깝다고 생각하는 경향이 있다. 그래서 혹자는 교육을 시작할 때 조별로 인사하는 시간이 불편해 일부러 늦게 참석하는 모습을 보이기도 한다. 이처럼 예의 없이 행동하는 것은 싫지만 예의를 차리기 위한 거추장스러운 행위들을 건너뛰고 바로 본론으로 들어가는 것을 좋아한다. 그래서 누군가 INTP 유형의 고객을 만난다면 서론은 간소화하고 상품만 잘 소개하고 나오길 바란다.

#똑똑한 사람들을 보면 존경하고 싶어요

다소 무미건조하게 느껴지는 이들에게 감성이 부족하다고 느낄 수 있는데 사실 이들을 이끄는 매력은 따로 있다. 일반적으로 나와 공통점을 가졌거나, 내가 갖지 못한 점을 가졌을 때 매력을 느낀다. 특히 나보다 지적인 사람이거나 배울 점 있는 사람에게 존경심을 느끼며 매력에 빠져든다. 반대로 자신보다 실력이 부족하거나 지식이 부족하면 상하관계를 막론하고 쉽게 보는 경향이 있다. 그래서 이들에게 존중받고 싶은 위치에 있다면 어떤 분야든 INTP 유형보다 많이 알고 있는 분야를 빨리 캐치해 토론하면 급속도로 가까워질 수 있다.

처음 본 사람들은 이들이 매우 도도하고 말주변이 없다고 생각한다. 그러나 자신의 관심사에 동조해 주는 사람이 있다면 그 사람과의 수다 삼매경에 시간 가는 줄 모를 것이다. "그래서 현상의 원인이 무엇이죠?", "이 규정은 왜 생긴 거죠?" 등 이들이 자신 있는 주제만 던져주면 몇 시간이고 이야기할 수 있다. 반대로 관심 없는 주제에는 곧장 주변을 의식하지 않고 이어폰을 끼고 자신만의 세계로 빠져들 수 있다.

이들의 눈에는 현 규제나 시스템의 문제점이 입체로 보이는듯하다. 그래서 현재 업무에서 남들이 생각하지 못한 문제를 제기하곤 한다. 예를 들면 가맹점에 대한 규정을 만들었는데 이 규정이 5% 사람들에게는 매우 불합리할 수도 있음을 지적한다. 그래서 그 문제를 해결하기 위해 기꺼이 논쟁을 즐기기도 한다. 언쟁이 치열해질수록 알 수 없는 희열을 느끼기도 한다. 이 갈등으로 인해 더 나은 규정으로 완성되어가고 있으며, 더불어 사람들이 발견하지 못한 점을 언급함으로써 자신의 존재감이 느껴지기 때문이다. 그래서 이들을 '지적인 지적질러'라고 표현하기도 한다.

유형에 딱 맞는 업무 환경

#업무분담으로 각자의 업무에 집중할 수 있는 환경

한 공간에서 같은 일을 함께하는 것보다는 업무를 나누어 각자의 업무를 수행하는 것이 생산성을 높일 수 있다고 생각한다. 그래서 하나의 프로젝트를 추진할 때도 독립적으로 흩어져 업무를 끝내고 함께 점검하는 업무방식을 선호한다. 필요하다면 중간중간 서로에게 조언이 필요할 순 있지만 불필요한 잡담이 오가는 경우가 많아 비효율적인 운영이라고 생각하기 때문이다. 그래서 독립적이고 자율적인 프리랜서나 나만의 공간에서 일하는 재택근무를 선호하는 편이다.

#전략적으로 기획하는 업무

거시적인 관점으로 사업성을 판단하거나, 새로운 프로젝트에서 위험 가능성을 예측하는 업무에서 빛을 발할 수 있다. 그래서 전략적으로 기획하는 업무나 위기를 관리해야 할 때 이들의 거시적인 안목이 절대적으로 필요할 것이다. 기획안을 쓸 때도 상세 내용보다 사업의 방향성이나 시행 배경을 중요시하는 경우가 많다. 이런 것들을 보면 이들은 진정한 기획가임이 확실하다.

무엇이든 궁금한 것을 참지 못하고, 알고 싶어 하는 욕구가 높은 편이다. 이 호기심에서 실제 문제가 해결되거나, 색다른 기획의 씨앗이 되는 경우가 많다. 계약할 때 고객사의 마음가짐이 궁금해서 계약조항을 다시 만든다거나, 직원들이 퇴사할 때 그 마음이 궁금해서 퇴사 후 만족도를 조사하는 등 호기심에서 시작된 다소 엉뚱한 도전이 결국 생산적인 일이나 성과가 되는 경우가 많이 있다. 그래서 어떤 원리와 개념을 연구하는 연구직이나, 순수과학을 탐구하는 등의 분야에서 능력을 발휘하는 경우가 있다.

사무실에서는 이어폰을 끼지 않아야 한다거나 단정한 옷차림을 갖춰야 하는 등의 업무와 거리가 있는 격식이나, 일부만 원하는 회식 자리에 전원이 참석하는 등 불필요한 상하관계에 답답함을 느끼는 경우가 많다. 그래서 수긍할 합당한 이유 없는 규율이나 절차를 강요하면 튕겨 나가기도 한다. 이처럼 이유나 설득이 없는 권위에는 얽매이지 않는 편이다. 그래서 협동심을 발휘하는 공동체보다는 공정성을 지키면서 각자의 개성을 존중하고 업무에만 몰입할 수 있는 독립적인 일들이 오히려 자신의 기량을 마음껏 펼칠 수 있는 일이기도 하다. 이들은 상하 간의 체계가 명확하거나 결재 절차가 있는 직장생활에 대해 다양한 사고를 막고 비효율적이라고 생각하는 편이다.

#똑똑하고 지적인 탐구를 하는 자신을 사랑하기

자신의 존재감을 가장 느끼는 순간은 '자신이 많이 알고 있을 때'이다. 그럴 때면 스스로 자기애가 솟구친다. 무언가를 알아가는 것만으로도 흥미를 느끼는 유형으로 이론적인 연구를 하거나, 도서를 통해 끊임없는 학습이 필요한 일을 직업으로 삼는다면 흥미를 느낄 수 있다. 공부가 곧 취미이자 업으로 삼을 수 있다는 것이 당신에게는 큰 매력으로 다가올 것이다.

유형의 업무 강점 및 추천 진로

- 독립적이고 주도적으로 판단하여 일하는 데 능하다.
- 문제를 민첩하게 해결하는 것에서 능력을 발휘한다.
- 전문적인 지식을 바탕으로 주변을 도울 수 있는 일에 적합하다.
- 새로운 아이디어와 통찰력으로 필요한 순간에 기지를 발휘하여 상황을 대처한다.
- 큰 그림을 그리고 기존에 없었던 것을 새로 개발한다.
- 일에서 사사로운 감정을 이입시키지 않아 객관적인 처리가 가능하다.
- 한 가지 일에 몰입하여 전문가의 길을 걷고자 한다.

* 추천 진로: 순수과학, 순수학문연구가, 교수, 재무상담가, 연구가, 투자 분석가, 발명가, 크리에이터, 건축가, 철학가, 평론가, 검사, 미래학자 등.

반대유형과 생길 수 있는 갈등의 순간

신통해(INTJ) 프로와 한우물(INTP) 프로가 직원 육성체계를 기획 중이다.

신통해 프로: 지금까지 우리 회사의 육성체계는 너무 주먹구구식이었던 것 같아요. 교육체계는 있어도 제대로 실행이 된 적이 없었잖아요.

한우물 프로: 제 생각을 말씀하시는 것 같은데요. 번지르르한 것만 다 가져다 놓은 종잇장 육성체계는 프린트 낭비라고 생각합니다.

신통해 프로: 아 그래도 그렇게 말할 정도까지는 아닌 것 같고요. 구글에선 직원 육성을 이벤트가 아닌 과정으로 보고 있잖아요. 우리도 서로를 가르치며 배우는 P2P 학습 네트워크(일명 g2g) 시스템을 구축하는 것이 훨씬 도움 될 수 있다고 생각하는데 어떻게 생각하세요?

한우물 프로: 그 부분에 대해선 전적으로 동감합니다. 제도와 시스템만 갖춰진다면요. 그러나 자발적으로 교육을 개최할 수 있어야 하는데 그것에 대한 보상이 충분하지 않으면 시스템이 지속되는 건 어려울 수 있다고 생각됩니다. 그리고 또 걱정되는 건 지식의 깊이가 얼마나 되는 사람들이 강의하게 될지 질적인 검증도 필요할 것이고요.

신통해 프로: 왜 이야기가 겉도는 느낌이죠? 하자는 건가요? 말자는 건가요?

#(INTJ) 신통해 프로의 생각

생각하는 방향이나 가치관이 잘 맞는 편이다. 그런 비슷한 점이 많음에도 불구하고 한우물 프로의 생각을 듣고 있으면 조금은 비관적이라는 생각이 든다. 그의 피드백 중에서 긍정의 언어는 별로 들어본 적이 없는 듯하다. 발전형 피드백인지 비난형 피드백인지 헷갈린다. 물론 다른 사람들이 생각하지 못하는 위험 요소를 예리하게 잘 찾긴 하지만 대안이 없는 피드백은 행동 개선에 도움이 되지 않기 때문에 답답하다. 그리고 상처를 잘 안 받는 타입이지만 가끔 한 프로에게는 상처받을 때가 있다.

(INTP) 한우물 프로의 생각

신통해 프로와는 일단 말이 통한다. 자신의 분야에 대해 평균 이상의 지식수준을 가지고 있어 대화의 결이 맞아 맞춰가기 수월한 편이다. 그러나 자신의 신념이 맞다 생각되면 주변의 소리가 잘 들리지 않는 것 같다. 주의가 필요하다는 것을 말한 것뿐인데 거기에서 "그럼 당신이 해결해 보시던가요" 하는 등의 태도를 보일 때가 있어 당황스럽다. 그래서 자신의 의견에는 무조건 동조하고 좋다고 표현하라는 뜻인가 싶어 그 부분이 언짢게 느껴진다.

갈등의 해결책

이상적이고 큰 그림을 그리는 두 사람의 업무를 바라보는 관점은 잘 맞을 수 있다. 그러나 결정을 내려 빨리 실현하고 싶은 신통해 프로와 최적화된 상태에서 추진하고 싶은 한우물 프로에 생각은 엇갈릴 수 있다. 특히 신통해 프로의 열등기능은 감각(S)으로 큰 그림은 잘 보지만 세부적인 사안이나 현실적으로 고려해야 하는 것엔 무딘 편이다. 반면, 한우물 프로의 열등기능은 감정(F)으로 자신의 주장을 말할 때 상대의 감정 배려가 필요하다. 당사자는 우려되어 말한 것이 상대에겐 지적으로 들리는 이유는 감정이 배제된 채 일어나지 않은 일을 일어났을 때로 가정하고 이야기하는 표현방식 때문이다. 이 말이 상대에겐 비난하는 느낌으로 전달될 수도 있다. 그래서 INTJ 유형의 신통한 생각을 충분히 인정해주는 것이 필요하며 여기에 자신이 우려되는 세부적인 사항을 추가로 언급한다면 발전적인 팀워크를 발휘할 수 있을 것이다.

슬럼프에 빠진 '나' 깨우는 방법

#조 코치 Message

당신의 지적인 매력에 사람들은 감탄할 것입니다. 당신이 틀린 내용을 이야기하더라도 사람들은 당신이라는 존재만으로도 신뢰할 수 있습니다. 그러나 혹자는 이해하기 어려울 정도로 심오한 당신에게 엉뚱하다는 말을 하기도 합니다. 그 말에 흔들려 넘어질 수도 있습니다. '내가 정말 4차원인가?' 하고요. 하지만 거기에 당신이 휘둘릴 필요가 있나요? 엉뚱한 게 부끄러운 것도 우려의 시선을 받아야 할 일도 아니라는 것을 기억했으면 합니다. 오히려 이런 당신이기에 주변 어른들께 칭찬받았을 것입니다. "혼자서도 알아서 잘하네", "자신의 인생을 알아서 개척해 나가는 모습이 멋있어"라며 당신을 대견하게 느끼고, 애늙은이 같은 이야기를 할 땐 성숙하다는 칭찬도 들었을 것입니다.

혹자는 독립적인 당신에게 걱정 어린 시선을 보낼 수 있습니다. "어떻게 세상을 혼자서 살 수 있어? 그렇게 하면 외로운 거야"라며 말이죠. 외로움은 자신이 느끼는 주관적인 기준의 감정입니다. 주관적인 감정을 꼭 당신도 느껴야만 하는 것은 아닙니다. 당신이 기억해야 할 것은 혼자 알아서 잘하는 것이 '아웃사이더'를 의미하는 절대 아닙니다. 그러나 혼자 보내는 시간치고 생산적인 시간이 많지 않습니다. 배움이라는 것도 타인과의 비교를 통해 알 수 있듯 공생해야 좀 더 생산적인 시간이 될 수 있습니다. 그러므로 시간을 내어 자신과 관심사가 비슷한 모임에 적극적으로 가입해 보기를 권합니다. 거기에는 제야의 고수들이 당신을 기다리고 있을 것입니다.

ESFP

최고의 분위기 메이커,
최고조 프로

유형의 업무 특징

: "무거운 분위기는 우리의 아이디어를 가로막을 뿐이죠."

#어디서든 분위기를 만드는 것은 저의 몫이죠

팀 분위기를 좋게 만들어야 한다는 지령을 받고 입사를 한 듯 즐거운 분위기를 위해 노력을 아끼지 않는다. 이것은 의식적으로 이루어지는 노력은 아닐 것이다. 회의가 시작되기 전 가벼운 농담으로 분위기를 띄운다든가 호탕한 웃음소리로 주변 사람들의 행복지수를 높여주는 등의 행동이 그러하다. 사실 본인은 못 느끼겠지만 다른 사람들에 비해 한 톤 높고, 1.5배 큰 목소리는 자연스럽게 그 주변의 이목을 집중시킨다. 그래서 어쩌다 이들이 재택근무를 하는 날엔 "오늘은 사무실이 썰렁하네"라는 반응이 나올 수도 있다. 이처럼 분위기 메이커 역할은 이들의 숙명 같은 일이다.

#저의 끼를 감출 길이 없네요

업무를 보러 우체국 가는 길에 들려온 신나는 음악에도 흥 장착이 완료된다. 그래서 이들에게는 술이 그렇게 큰 의미가 없어 보인다. 술의 힘을 빌리지 않아도 내재되어 있는 끼가 시간과 장소를 막론하고 고개를 내민다. 노래면 노래, 춤이면 춤. 어디서든 툭하면 장기를 보여줄 준비를 하고 다니는 사람 같다. 이 흥은 주변 사람들에게도 기쁨을 선사한다. 다만 본인과 같은 텐션을 주변 사람들에게도 요구하여 부담을 주거나, 우연한 장기자랑에서 발산된 흥 때문에 주변에서 당신을 부끄러워할지도 모른다.

#자극적인 즐거움을 주는 건 기뻐요

사람들을 놀라게 할 서프라이즈 이벤트를 준비하는 것을 좋아한다. 생일인 사람이 있으면 케이크를 준비하더라도 어떻게 기억에 남는 생일을 준비해 줄지 고민한다. 그리고 회사 안에서도 소소한 이벤트를 제안한다. "우리 아이스크림 걸고 사다리 타기 어때요?", "우리 날씨도 좋은데 야외에서 돗자리 펴고 점심 어때요?" 등으로 동료들과 같이 즐길 수 있는 거리를 제안해 주변을 즐겁게 한다. 심각한 분위기보다는 신나고 즐겁게 일할 수 있는 분위기를 조성하려 한다. 반대로 심각한 분위기를 만드는 것을 견디기 힘들어한다. 이벤트 같은 일상을 좋아하는 이들은 홀연히 일주일 연차를 내고 여행 번개를 떠나는 등 즉흥과 자극이 반복되는 패턴을 보이곤 한다.

사무실 구석 자리에 앉아 혼자의 일에 몰두하고 있는 사람들을 보면 가서 말을 걸고 싶어진다. 자신의 감정엔 이 직원이 외로울 것 같아서다. 이처럼 독서실 같은 사무실에서 일에만 집중하는 것에 이유 모를 답답함을 느낄 수 있으며, 오히려 회의실에서 자연스러운 대화가 가능하고 나지막이 노래가 흘러나오는 카페형 사무실에서 능률이 오른다. 다만 이런 환경에서 업무를 하면 시간 내 목표를 달성하기 어려울 수 있으므로 반드시 To do list를 만들어 업무를 수행하는 것이 필요하다.

새로운 것을 경험하고 싶은 욕구가 있는 이들은 새로운 누군가와 함께할 프로젝트에 설레어 자연스럽게 손을 들어 자원한다. 이들에게 관심사는 '누구와 얼마나 재미있게 일하느냐'인데 정작 언제부터 작업이 착수되어 완료일은 언제인지, 현재 내 업무와 병행하면 과부하가 걸리진 않을지, 결과물이 나의 성과나 커리어에 도움이 될 수 있는 일인지는 따져보지 않고 손부터 들 때가 있어 이후에 난감한 상황을 만나게 되기도 한다.

유형에 딱 맞는 업무 환경

#쉽게 친해지는 것도 능력이죠

격식을 차리지 않고 팀장님에게도 간단한 농담으로 얼어붙은 분위기를 녹인다. 그의 주변에 있는 사람들은 어느 순간 모두 친구가 된다. 그가 속해있다면 그곳이 어디든 대화의 장으로 만들어 버리는 능력을 지녔다. 우연히 마주친 다른 층에서 근무하는 동기를 자신이 팀장님께 소개하며 관계의 길을 터준다. 이 유형이 가진 아주 큰 매력 중 하나다. 이 유형의 지인들은 이들의 친구라는 이유만으로 영문도 모르고 처음 본 사람과의 식사 자리에 함께한 경험을 해봤을 가능성이 있다. 이들은 좋은 사람이 모인 자리는 누구나 즐길 수 있다고 생각하는 것 같다. 그만큼 새로운 사람들과 친해지는 것이 본인에게는 즐거운 일이다. 그래서 남들에게는 무서운 호랑이 리더로 저명 높은 상사에게도 쉽게 다가가 친해져 있을 가능성이 있다. 이런 본인의 적성을 고려해 사람들과 관계가 필요한 직업이나 직장을 갖는다면 유용한 강점으로 발휘될 수 있다.

#자신의 인맥을 활용해 문제를 해결하기

일을 진행하다 문제가 생기면 당신은 어떻게 하는가? 이들은 갑자기 전화번호부를 뒤지기 시작한다. 조언을 구할 수 있는 사람이 있는지, 실질적인 도움을 줄 수 있는 사람이 있는지를 모색하기 위해서다. 전화를 걸어 이런 어려운 상황에서 어떻게 하면 좋을지 조언을 구하고 조언대로 실행에 옮기기도 한다. 이렇게 인생의 중요한 선택을 해야 하는 순간에도 지인의 조언에 영향을 받는 경우가 많다. 이들에게 관계는 단순히 즐기는 수단을 넘어 사업 확장에도, 주저하던 도전을 시도하기 위해서도, 알기 어려운 고급정보를 캐내는 데도 많은 도움을 얻을 수 있다고 믿는다. 인생에서 관계가 차지하는 중요도가 높은 것을 알 수 있다.

#긍정 마인드로 문제의 무게 덜어내기

긍정적인 마인드로 어떤 어려움도 극복할 수 있어 보인다. 이 유형의 사람들 옆으로 가면 상대의 고민은 아무것도 아닌 것처럼 만들어 준다. 원자재 수급이 어려워 납기일을 제때 맞추지 못할 위기에도 "에이~ 납기일을 하루만 미뤄달라고 부탁해봐. 그쪽 나라는 우리나라보다 10시간이나 빠르니까 우리 시간에 맞추겠다고 하면 되겠네"라며 천연덕스럽게 현재 무거운 문제를 가벼운 이벤트로 만들어 버린다. 무거운 고민에 허덕이고 있는 누군가가 있다면 이들은 무게를 줄여 가볍고 쉽게 만들어 줄 수 있다는 것을 기억하자.

#트렌드를 파악하여 업무에 적용하기

사람들이 무엇에 민감하게 반응하는지 살피는 경향이 있다. 그래서 요즘에 화두가 되는 소재를 업무에 적용해 캐치프레이즈를 만들거나, 콘셉트를 접목하는 등의 센스를 발휘한다. 이들은 패션 트렌드를 익히는 감각도 뛰어나 요즘 유행하는 패션을 자신만의 감각대로 멋지게 소화해 내는 편이다. 미적인 감각이 있어 사진을 잘 찍거나 플레이팅을 잘하는 등의 시각적인 아름다움을 표현하는 적성에서도 두각을 드러낸다.

#경험을 통해 배울 수 있는 환경

자신이 흥미를 느끼는 일에는 도전을 서슴지 않는 편이다. 성공과 실패의 여부를 떠나 경험으로 배울 수 있다고 생각하는 이들은 직장도 여러 경험을 해봐야 적성에 맞을지 아닐지를 알 수 있다고 생각하여 혹자는 다양한 직업을 직접 경험해보고 직업을 바꾸는 경우가 있다. 또, 짐작이나 이론적인 책으로는 배울 수 없는 것들이 현장에 있다고 생각한다. 현장에서 경험으로 배우는 것이 가장 값지다. 그래서인지 이들은 직장에서 흔히 일어나기 어려운 특이하고 익살스러운 이야기보따리가 많은 편이다.

유형의 업무 강점 및 추천 진로

- 심각한 일에도 특유의 유머로 상황을 모면한다.
- 업무 환경의 분위기를 밝게 만들어 준다.
- 사람들을 배려하며 조화로운 업무 환경을 조성한다.
- 새로운 도전에도 주저하거나 두려워하지 않고 경험을 통해 학습한다.
- 어려운 상사와의 관계도 특유의 넉살로 쉽게 풀어낸다.
- 지루한 일상을 특별한 이벤트를 기획해 주변 사람들에게 재미를 선사한다.
- 사교성으로 사람들을 모으고 네트워크로 사업을 확장해 나간다.

* 추천 진로: 홍보, 마케팅 기획, 큐레이터, 초등교사, 코디네이터, 여행 가이드, 소매점 점장, 행사 코디네이터, 엔터테이너, 사진작가, 환경보호 활동가 등.

반대유형과 생길 수 있는 갈등의 순간

조화인(ESFJ) 팀장과 최고조(ESFP) 프로는 하반기 채용을 계획 중이다.

최고조 프로: 팀장님 A 식당에 점심 정식 어떠셨어요? 저번에 다른 팀 팀장님과 갔었던 곳이거든요. 너무 좋아하시더라고요. 제가 모시고 간 분 중엔 별로라고 평가한 분이 없었다니까요.

조화인 팀장: 맞아. 거기 수육이 정말 일품이더라고. 최 프로 덕분에 맛집 하나 더 알게 됐네. 큰일이야 이거 다이어트 중인데 말이지.

최고조 프로: 아 지금 다이어트 중이세요? 전략기획팀에 조배려 프로 살 빠진 거 보셨어요? 15kg 뺐대요. 기가 막힌 한약을 먹었다던데 알아봐 드릴까요?

조화인 팀장: 일단 나는 내 힘으로 빼볼게. 그건 그렇고, 우리 채용계획 팀별로 수합이 다 되었나?

최고조 프로: 네 완료 되었고요. 여기 있습니다.

조화인 팀장: 어? 마케팅팀은 왜 빠졌지? 채용계획 없대?

최고조 프로: 아 맞다. 거기는 제가 깜박했네요. 고 프로한테 지금 바로 전화해서 물어볼게요.

조화인 팀장: 최 프로 다 좋은데 말이야. 일에도 집중을 해 줬으면 좋겠어!

(ESFJ) 조화인 팀장의 생각

항상 즐거운 기운을 팀에 넣어주는 최고조 프로에게 고마움을 느낀다. 사람들을 잘 챙기고 격려하는 모습은 아쉬움이 없다. 하지만 업무에 좀 더 집중하는 모습을 보고 싶다. 무엇을 자꾸 깜빡하는 모습이 보이기 때문에 업무를 맡기면 불안하고 한 번 더 체크를 하게 된다. 최 프로에게 직접적인 표현을 해본 적 없지만 항상 무언가 즐거움을 넘어 흥분되어있는 것 같고, 어수선한 느낌이 든다. 책상도 부산스럽고 정리되어 있지 않아 업무에 집중하기 힘들어 보인다. 하지만 이런 세부적인 부분까지 말하기가 조심스럽다.

(ESFP) 최고조 프로의 생각

배려심과 이해심이 많은 팀장님은 정말 좋은 분이다. 그런데 속으로는 어떤 생각을 하시는지 잘 읽히지 않아 아쉽다. 나의 말에 호응을 잘해 주시는 것 같다가도 갑자기 일에 대한 질문을 무방비 상태일 때 주셔서 좀 당황스럽다. 그리고 중간중간 체크하듯이 "이거 했어?"라며 내가 놓친 부분을 족집게로 잡아내는 모습을 보면 내 일과를 감시하고 있는 것 같아 소름이 돋기도 한다. 그래서 팀장님은 나와 잘 맞는 것 같으면서도 알다가도 모르겠다.

갈등의 해결책

조화인 팀장의 주기능은 감정(F)으로 최고조 프로가 생각한 것보다 훨씬 큰 배려를 하고 있는지도 모른다. 본인이 세워둔 계획대로 일이 진행되기를 원하지만, 열등기능이 직관(N)인 즉흥적인 최 프로는 그 욕구를 충족시켜 주지 못할 가능성이 크다. 그래서 조화인 팀장은 자신의 명확한 니즈를 표현하는 것이 필요하다.

최고조 프로는 장기적인 계획을 세워두고 동료들과 그 계획을 공유할 필요가 있다. 즐겁게 보이는 최고조 프로와 함께 있으면 웃음이 나지만 일할 땐 마냥 웃지만은 못할 것 같아 불안하다. 물론 기한이 되고 때가 되면 알아서 잘하겠지만 서로가 생각한 '때'의 타이밍은 안 맞을 수 있기 때문이다. 다음 주 수요일까지 기한인 업무를 제때 냈다 하더라도 전날인 화요일부터 시작하는 당신을 불안해 할 수 있기 때문이다. 그래서 서로의 불안함을 잠재우기 위해서는 계획해둔 바를 말하면 주변 동료는 그때까지 안심하고 당신을 기다려 줄 수 있을 것이다.

슬럼프에 빠진 '나' 깨우는 방법

#조 코치 Message

주변을 항상 밝은 분위기로 만들어 주는 당신의 존재감은 어디에서나 빛을 발할 것입니다. 때로는 자신의 이미지가 무거운 짐으로 느껴질 때도 있을 것입니다. 힘든 것을 표현하면 안 될 것 같은 압박감에 고민은 잠시 뒤로하고 지금도 주변에 있는 사람들과의 즐거움을 불안 속에 즐기고 계시지는 않는지요? ESFP 유형은 불안의 수용도가 16가지 유형 중 가장 낮다고 할 수 있습니다. 자신이 닥친 심각한 상황을 정작 친한 친구에게도 이야기하지 않거나, 자신도 외면해버리는 경우도 있어 결국 일이 심각하게 커지게 될 수 있습니다. 이런 극단적인 긍정성은 사람들에게 슬픔을 들키지 않으려는 자기방어적 태도일 수 있습니다.

당장 해결해야 하는 문제를 외면이라는 수단으로 잊어버리게 될 경우 변화하는 것은 시간뿐입니다. 그 문제는 해결되거나 변하지 않은 채 여전히 당신을 기다리고 있을 것입니다. 내가 잘못 처리한 일이 있다면 그것을 외면하기보다는 빠르게 시인하여 올바른 방향으로 돌리거나 닥친 문제를 가만히 앉아 직시해 보는 것은 어떨까요? 불안한 마음으로 현재를 즐기기보단 홀가분한 마음으로 즐기는 것이 당신의 인생에 행복한 순간을 늘리는 방법일 것입니다.

INTJ

사후까지 계획하는 통찰가,
신통해 프로

유형의 업무 특징

: "그건 왜 그렇게 하신 거예요?"

#안다는 건 인간의 결핍을 채워가는 유일한 방법이죠

인간은 본디 한없이 나약한 존재라고 여기는 경향이 있다. 잘못은 무지로부터 발생한다. 알아가는 행위만이 유일하게 자신을 채워가는 방법이라고 생각하는 이들은 부족한 부분이 있으면 그 주변부의 내용까지 전반적으로 학습해 채워가려는 편이다. 갑자기 거래처에 전화를 걸다 지역 번호가 궁금해진다. 그럼 바로 지역 번호를 뒤진다. 이렇게 모르는 사실을 알아냈다는 것에 다른 이들보다 더 큰 성취감을 느낀다. 그리고 업무를 돌입하기 전엔 이 일이 일어난 현상이나 원인을 알고 싶어 한다. 회사 사장님께서 강조한 이슈가 있다면 그것의 원인은 무엇이었는지, 고정적으로 실적이 부족한 품목이 있다면 그것의 원인은 무엇인지 등 원리나 근간을 알아내는 것을 매우 중요하게 생각하며 이것을 알아냈을 땐 말로 표현 못 할 엄청난 성취감을 느끼기도 한다. 그래서 이들이 평소에 즐겨 하는 말은 "그건 왜 그런 거예요?"라며 Why형 질문으로 자신의 궁금증을 해소해 나가는 편이다.

이들에게 "혹시 나안녕 프로 알아요?"라며 이름으로 그 사람을 떠올리게 하는 질문을 하면 이들은 당황할 수 있다. 그 사람과의 분명 접점이 있었겠지만 이름을 기억하는 게 여간 쉽지 않다. "아 그때 A 업무 협조 요청했던 그 사람이요?"라고 업무의 연결고리가 이들에게는 더 쉬울 수 있다. 이처럼 사람보단 과업에 대한 관심이 많은 편이라 사람들에게 무관심하다는 평을 듣기도 한다. 이들에겐 상대의 감정도 상대에게 직접 느끼기보다 직관적인 추론으로 알아차리는 편이다.

자신의 직관으로 앞으로의 일을 예상하는 일을 즐거한다. "앞으로 금값이 오르니까 우리 회사에 A 품목 매출이 오를 것 같지 않나요?"라며 주장할 때 동료들은 어리둥절해 한다. 하지만 현실로 이뤄진 모습을 보고 다소 당황할 수 있다. 이들은 자신이 지켜봐 온 과거의 행적을 보며 일정한 규칙성이나 원리를 알아내려는 습성을 가진 사람들이 많다. 또 현실로 일어나지 않은 사실이나 이면의 사실에 대해서도 관심이 많다. 그래서 혹자는 일부 과학자들만 비밀리에 알고 있는 현설을 맹신하며 좇거나, 혹자는 애인이 자신을 속이고 허튼짓을 할 것 같은 날을 백발백중 맞춰 소름이 돋는다고 말하기도 한다.

#맞다는 신념이 있으면 굽힐 수가 없어요

일을 추진할 때 '맞다'라는 확신이 강하게 들면 주변에 우려가 있더라도 의견을 굽히지 않는 신념을 가지고 있다. 자신이 미래의 가능성이 있다고 판단되면 그것이 무모한 도전이라고 주변에서 만류해도 기어코 도전한다. 이 결정은 쉽게 판단된 것이 아니라 미래에 예상되는 상황까지 검토가 끝난 상황이기 때문에 당신의 선택을 주변에서도 크게 만류하지 못한다. 이런 모습을 보고 주변에선 '마이웨이가 강하다'는 평가를 받기도 한다. 결국 업무에서도 자신이 생각한 순서대로 추진해야 효과적이라며 상대에게 강하게 요구하기도 한다.

#한계는 스스로가 굿는 순간부터 생기는 거예요

자신이 생각한 이상적인 모습을 현실화하는 프로젝트를 꾸미곤 한다. 예를 들면 회사 제품 광고를 기획할 때 모델 선정과 광고 콘셉트 등 이상적인 모습을 그린다. 너무 좋은 아이디어인 줄 알아도 비싼 광고비에 동료들은 망설인다. 그럼에도 불구하고 강한 직감만 있다면 포기하지 않고 밀어붙인다. 관련 업체를 전부 뒤져 모델을 기어이 섭외하여 성공한다. 이렇게 하나에 꽂히면 끝까지 해내는 집념이 있다. 누군가는 그것을 고집이라 할 수 있겠지만 그것이 높은 수준의 이상적인 업무를 처리하는데 원동력이 된다.

유형에 딱 맞는 업무 환경

#시스템으로 체계화하여 완성 시키는 과정

만약 A 거래처에 보내야 하는 영수증을 B 거래처에 잘못 보냈다. 그럼 "실수했네. 다시 보내드릴게요"에서 마무리 짓지 않고 실수를 방지할 수 있는 체계를 만들어 놓는다. 메일에 온 기능을 다 뒤져 예약으로 보내는 기능을 알아낸다. 그래서 다시 한번 더 확인해야 메일이 갈 수 있도록 체계를 만들어 놓는다. 이들은 ISTJ 유형만큼이나 세세하거나 꼼꼼하진 못하다. 그 대신 체계화로 완성도를 높여 나가는 편이다.

사람들은 흔히 업무를 추진할 때 기존의 결과물을 참고하여 더 나은 결과물을 향해 달린다. 하지만 이들은 기존의 것을 벗어 던지고, 새롭게 탈바꿈하고 싶은 욕구가 강한 편이다. 다만 너무 앞선 그림을 주변에선 단숨에 이해하거나 공감을 하긴 어려울 수 있다.

정해진 시간 내에 해야 할 일들이 많다. 그래서 아침에 해야 할 일들을 적어놓지 않고 계획 없이 일했다간 오늘 중에 해야 할 일들을 끝낼 수가 없다. 사람들이 당신의 계획표를 보면 밥을 먹는 시간, 쉬는 시간이 들어갈 틈이 없다. 회의도 하지 않고 동료와의 안부 인사도 없이 일해야 가능할 수 있는 수준이다. 항상 쪼갤 수 없는 시간도 쪼개 쓰는 당신에겐 시간 효율성이 매우 중요한 가치이다. 그래서 더욱 주변을 돌아볼 여유가 없는지 모른다.

새로운 것을 탐구하고 파고드는 집요함을 가진 유형이기에 새로운 지식에 많은 흥미를 느낀다. INFP 유형은 자아를 향한 관심을 MBTI로 승화시킨다고 했는데, INTJ 유형도 역시 이 분야에 관심이 많다. 사람을 직관적으로 추론할 수 있다는 것에 대해 흥미를 느끼는 듯하다. 사실 이들은 관심 분야 중 자신이 모르던 것을 새롭게 학습하는 일이라면 무엇이든 즐거움을 느끼는 편이다. 업무에 대한 학습도 마찬가지다. 만약 회사에서 자기개발에 투자해 주지 않는다거나 경력 개발의 기회가 적은 업무라면 회사에 대한 애정도 함께 적어질 수 있다. 자신이 발전할 수 있는 곳에서 소속 욕구가 높아지기 때문에 자기개발을 할 수 있는 복지 시스템이나, 교육에 대한 투자를 아끼지 않는 직장에서 만족감을 느끼며 회사에 기여할 수 있을 것이다.

#완벽주의라고 했지 꼼꼼하다 하진 않았어요

완벽을 추구하는 ISTJ 유형과 비슷한 성향의 소유자라고 생각하는 경향이 있다. 하지만 이것은 큰 오산이다. 가장 발달되어 있는 주기능이 달라 둘이 만나 업무를 해보면 공통점이 적다고 느낄 수 있다. INTJ 유형은 미래 계획을 중요하게 생각한다. 준비된 미래에 대해 안전감을 느끼고 영감을 중요시하는 반면, ISTJ 유형은 지금의 현실이 익숙할 때 안전감을 느끼고 현재를 중요시하기 때문에 서로의 가지관이 다르다고 느끼기에 충분하다. 업무에서도 ISTJ 유형은 실수 없이 완수했음에 만족감을 느끼지만, INTJ 유형은 독보적으로 일을 실현했을 때 더 만족감을 느낄 수 있다. 그래서 이외의 실수가 곳곳에서 발견되기도 한다.

유형의 업무 강점 및 추천 진로

- 일할 때 원리나 체계를 찾아 나가며 효율적으로 추진한다.
- 자신이 흥미를 갖는 일이라면 휴식도 용납하지 않는다.
- 새로운 도전과 혁신이 그에게는 일상처럼 친근하다.
- 한 분야에 전문적인 지식을 가지고 업무에 착수한다.
- 주변에 우려의 목소리에도 흔들림 없이 자신의 신념으로 추진한다.
- 본인만이 할 수 있는 일을 찾아 독자적으로 결과를 도출한다.
- 긍정적이고 이상적인 미래에 대한 희망의 끈을 놓지 않는다.

* 추천 진로: 컴퓨터 프로그래머, 공학 교수, 연구원, 경영분석가, 변호사, 범죄 심리학자, 비평가, 전시기획 및 큐레이터, 영화감독 등.

최고조(ESFP) 프로와 신통해(INTJ) 프로는 인사시스템에 접근 권한 설정을 누구까지 부여해야 할지 고민 중이다.

최고조 프로: 인사시스템 진짜 장난 아니던데요. 면접 점수까지 보이더라고요. 그리고 그거 알아요? 나안녕 프로 서울대 출신이래요. 대박이지 않아요?

신통해 프로: 뭐가요? 서울대가 다른 나라에 있는 대학도 아닌데요 뭐... 인사팀도 지금은 모두 볼 수 있게 되어 있는데 이렇게 하면 개인정보가 오픈될 수 있기 때문에 권한을 사장님까지만 설정되어야 한다고 생각해요.

최고조 프로: 맞는 말이긴 한데 우리는 그래도 볼 수 있어야 하지 않을까요? 인적자료 볼일도 많은데 그때마다 승인받아야 하면 너무 업무처리가 늦어질 것 같은데요.

신통해 프로: 우리의 업무처리를 수월히 하기 위해 개인정보가 침해되어도 된다는 의미가 되는 건데 지금까지 우리가 볼 수 있었던 것이 법적으로도 문제 될 수 있어요. 솔직히 오래전 입사하신 분들은 개인정보 활용 동의 안 받으신 분들도 많은데 이거 문제 되면 어떻게 하죠? 누가 책임지실 수 있겠어요.

최고조 프로: 에이 우리 너무 빡빡하게 그러지 맙시다. 매번 그럼 사장님께 승인받아야 하는 거잖아요.

신통해 프로: 평가등급이나 이런 것도 설정할 수 있는데 만약에 어느 팀에서 우리 정보를 역으로 알아서 평가등급 바꾸는 상황이 생길 수도 있고 이거 그냥 간과할 것이 못 됩니다. 그럼 사장님께 정식 보고드려서 결정받아 처리하기로 하죠.

근거를 토대로 설득하는 신통해 프로! 똑똑한 건 인정하는데 너무 무 자르듯 일을 처리해 나가는 카리스마를 보면 때로는 너무 숨 막히게 느껴질 때가 있다. 자신만의 신념이 확고해 주변의 이야기를 귀 기울이지 않는 모습이 보이는데 그때는 안하무인이 되어 아예 이야기가 먹히질 않는 것 같다. 그리고 각자 일을 너무 명확히 구분하려고 하고 자신의 일이 아니면 팀에서 진행되는 일이라도 무관심하다는 생각이 든다.

회사 업무를 관계적으로만 해결하는 생각은 내가 제일 혐오하는 생각이다. 아닌 것에 대해서는 명확한 기준을 세워 일을 처리해 나가야 하는데 최고조 프로는 주먹구구로 진행하는 경향이 있다. 저번 인사시스템 접근 권한으로 친한 동료에게 알려주는 것을 보았다. 이런 융통성은 권력 남용이라 생각한다. 내가 욕을 먹더라도 회사의 운영을 위해 지켜야 할 기준이 있다. 그것이 직장인으로서 사명감이기에 지켜야 한다고 생각한다.

사람들은 모두 저마다 가치관이 있다. 그 가치관과 소통의 방식이 사람에 따라 달라 누구 기준이 맞다 말하기 어려울 것이다. 이때 자신의 가치관이 아닌 상대의 가치관에 서서 설득하는 것이 효과적이다. 예를 들어 최 프로가 접근 권한의 이유로 '우리의 업무 편의를 위해서'를 들었는데 신 프로는 오히려 자신의 기준에 위배되는 이유인지라 설득이 안 되고 더 화만 돋우게 된 것이다. 그러나 신 프로가 중요하게 생각하는 기준 즉, '회사 체계가 잘 돌아가기 위해서'라는 이유로 설득했다면 기회가 열릴지 모른다.

신통해(INTJ) 프로의 기준을 활용하여 설득하기

최고조(ESFP) 프로의 주장

→ 용이한 접근이 우리 업무 편의와 신속성에 도움이 된다.

상대가 중요하게 생각하는 기준

→ 회사의 체계가 원활히 운영되는 것.

상대의 기준을 활용한 설득내용

→ 바쁜 평가 시즌에는 사장님이 인사시스템 권한을 승인처리 해주는 것 때문에 회사 경영에 차질이 빚어지고, 우리도 결과를 기한 내에 정리할 수 없어 회사 체계가 엉망이 될 수 있다.

신통해(INTJ) 프로의 주장

→ 개인정보를 침해하는 권한이 남용될 수 있고 회사 체계가 무너질 수 있다.

상대가 중요하게 생각하는 기준

→ 인사팀으로서 관계를 관리하고 업무에 용이한 것.

상대의 기준을 활용한 설득내용

→ 우리의 접근 권한을 알고 있는 사람들이 무리한 부탁을 해올 수도 있고, 그것을 들어주다 오히려 우리 업무가 지연될 수 있다.

슬럼프에 빠진 '나' 깨우는 방법

#조 코치 Message

동료들이 생각하지 못한 것에 영감을 일으켜 주는 스마트한 당신! 직장에서 당신을 대체할 수 있는 사람은 아마 없을 것입니다. 누구보다 깊은 사려로 상대를 생각하는 당신은 가까운 사람들은 잘 알지만 적당한 거리의 사람들은 당신이 꼭꼭 숨겨둔 따뜻함을 몰라볼 수 있습니다. 그래서 이렇게 존재감 있는 당신을 사람들은 존중하면서도 거리감을 느끼게 될 수 있습니다. 주변에서 보는 당신은 스마트한 나머지 자신감이 넘쳐 보여 다가가기 어려운 사람으로 느껴질 수 있습니다. 사회에서는 관계만으로 도움을 받는 기회가 많기 때문에 번거로울 수 있지만 관계를 유지하는 것도 하나의 능력이 됩니다.

주변 사람들에게 질문으로 대화를 시도해 보세요. 당신이 작은 관심을 가지기 시작한다면 주변 사람들은 당신에게 다가와 줄 것입니다. 관계를 유지하기 위해선 열정과 노력이 필요하고 그 노력이 당신에게 다소 귀찮게 느껴질 수 있지만 노력대비 많은 것을 얻을 수도 있습니다. 주변 동료들과의 상호작용으로 좋은 정보를 얻을 수도, 편의를 줄 수도, 부탁을 청할 수도 있습니다.

CATEGORY 4.

마케팅팀

팀의 특징

마케팅팀은 소비자들에게 회사의 제품 홍보나 판매 촉진을 위해 프로모션을 기획하는 팀이다. 제품이 고객들에게 인식되기 위해서는 한정된 비용으로 효과를 높일 수 있는 기획력과 강렬한 아이디어가 필요하다. 이 영감을 위해선 영업팀, 연구개발팀 등 유관부서와의 관계 유지는 기본이고, 끊임없는 아이디어를 도출해야 하기 때문에 이에 대한 피로도가 적은 인재가 필요하다.

팀 구성원 소개

**1. ENTJ
일인자 팀장**

일인자 팀장의 추진력과 카리스마 리더십은 조직에서 유명하다. 최고의 워커홀릭으로 일 팀장의 실력을 의심하는 사람은 감히 없다. 그러나 직원들의 피로도는 상당하다. 혁신적으로 일을 추진하는 건 손이 많이 가기 마련인데 속도까지 휘모리장단급을 원한다. 자신의 실력을 잣대로 조직원을 바라보면 급한 마음에 돌직구 표현이 튀어나오는데 이 때문에 직원들이 한 번씩 상처받곤 한다. 하지만 성과에 대한 보상만큼은 확실하여 리더를 바라보는 직원들의 호불호가 확실히 나뉘는 편이다.

* 특징: 진지하고 근엄했던 표정이 밝아지는 것을 1열에서 직관하고 싶다면 성과 좋은 날을 잘 골라가야 한다.

2. ISFP
고수용 프로

고수용 프로는 겸손하고 티를 잘 내지 않는 편이다. 화이트데이 직원들에게 준비한 초콜릿을 몰래 책상 위에 놓고선 누군지 이름도 밝히지도 않는다. 산타 할아버지도 이 유형이지 않았을까 싶다. 따뜻한 감성을 가진 평화주의자 고 프로는 사람은 좋은데 일에 조용히 묻어가려는 성향이 짙은 편이다. 딱히 무언가의 아이디어를 내놓거나 자진해서 업무를 추진하진 않는다. 그래서 협업을 할 때 방관적인 태도는 없는지 돌아볼 필요가 있다.

* 특징: 겸손함이 지나쳐 때론 자신이 한 것도 표 내지 못할 수 있다.

3. ENTP
무한도 프로

세상이 넓은 만큼 할 일도 무한으로 많은 무한도 프로는 자신의 자리에 앉아 있는 시간이 부족하다. 밖으로 나가 통찰을 얻어야 하기 때문이다. 그 덕에 팀원들은 많은 도움을 받는다. 마케팅이라면 끊임없이 창조해야 하기에 이 일에 지쳐 매너리즘에 빠져있을 법도 한데 자판기처럼 튀어나오는 무 프로의 아이디어 덕분에 동료들은 지치지 않을 수 있다. 그러나 새로운 일을 착수할 땐 누구보다 앞장서 추진하고 아이디어를 개진해 주는데 일을 진행할수록 뒤로 쏙 빠져있는 모습을 본이곤 한다.

* 특장: 끊임없이 사고(思考)를 쳐 일을 확장해 나가지만 수습은 팀원들의 몫이 된다.

4. ISFJ
임충신 프로

따뜻하고 온화한 표정과 말투에서 배우 김혜자 님과 같은 이미지를 풍기는 임충신 프로이다. 사람들에 어떤 제안에도 웃으며 "YES"로 화답한다. 임 프로가 잔소리는 좀 많아도 화를 낸 것을 본 사람은 없다. 그만큼 참을성이 대단해서 회사에선 임 프로를 나쁘게 평가하는 사람이 거의 없다.

* 특장: 결정을 임 프로에게 넘기지 마라. 가장 잔인한 짓이다.

팀의 일상생활

어느 날, 신제품 쌍화차 출시로 캐치프레이즈 문구를 만들기 위해 마케팅팀 일인자(ENTJ) 팀장, 고수용(ISFP) 프로, 무한도(ENTP) 프로, 임충신(ISFJ) 프로가 회의를 이어간다.

일인자 팀장: 팀별로 캐치프레이즈 문구를 수합 한다고 하는데 우리는 뭐가 좋을까요? 이번에 선정되면 팀 회식인데 우리 팀 회식 한 번 해야죠.

임충신 프로: 그러고 보니 우리 회식 안 한 지도 좀 오래되었네요.

무한도 프로: 명색이 마케팅팀인데 이번에도 우리가 가져와야죠. 혹시 아이디어 있으세요? 고수용 프로님?

고수용 프로: 아 그게... '가장 저렴한 보약' 어떨까요? 아이 좀 별로네요. 무한도 프로님이 이런 거 잘하시잖아요. MBTI가 아이디어 뱅크형 아니셨나요?

무한도 프로: 에이 저한테 너무 관심이 없으시다. 저 발명가형이잖아요.

고수용 프로: 아, 하하 맞다. (이거나 그거나...) 제가 MBTI 유형을 착각했어요.

일인자 팀장: 또 다른 의견들 없으세요? 이거에 할애할 시간이 많이 없어요. 우리 회의 안건이 4개나 더 남았어.

무한도 프로: '당신의 1분을 위한 1,450분의 정성' 이건 어때요?

임충신 프로: 오! 정성이 확 묻어나는데요? 근데 24시간이면... 1,440분이네요.

일인자 팀장: 그래요? 좀 더 괜찮은거 없나요?... 일단 시간 없으니까 각자 하나씩 생각해서 오늘 퇴근 전까지 메일로 의견 주세요.

효과적인 협업 방법

#ISF- 유형에게 제안합니다

ISF- 유형은 겸손함이 지나쳐 자신의 생각을 선뜻 꺼내놓기 조심스러워 하는 편이다. 그래서 ISF를 가진 유형들은 팀원들의 격려와 지지를 도맡아 한다. 이것이 때론 ENT- 유형에게는 열정이 부족하고 적극적이지 못하다는 인상을 줄 수 있다. 그러므로 자신의 생각을 묻지 않아도 먼저 말하는 것이 필요하다. "생각 중입니다" 혹은 "지금은 아이디어가 떠오르지 않네요" 등으로 말이다.

#ENT- 유형에게 제안합니다

ENT- 유형은 다양한 생각들로 아이디어를 개진시켜 주는데 남다른 능력이 있다. 대신 그때그때 생각나는 아이디어를 비약적으로 함축해 내놓으면 그 심오한 아이디어를 상대는 이해하기 어려울 수 있다. 또한 매우 과업 중심적으로 자신이 생각했을 때 일을 잘 못한다고 생각하는 사람들 혹은 답답한 상황에 자비가 부족하다. 그렇게 되면 ISF- 유형들은 더욱 위축될 수 있기 때문에 '심리적 안전감'이 들 수 있도록 상대가 의견을 제안할 땐 눈을 맞추며 고개를 끄덕여 주고, 상대의 노력에 대해 칭찬하는 등의 안정적인 환경을 조성하여 좀 더 질 높은 의견이 도출될 수 있도록 하는 것이 중요하다.

ENTJ

고독한 개척자,
일인자 팀장

유형의 업무 특징

: "하늘이 무너져도 이 일은 반드시 성공하겠습니다."

#제가 성격이 좀 급하거든요. 답변 좀 빨리 주시겠어요?

본인의 실력을 기준으로 일을 생각하기에 웬만한 일들은 30분 컷이 가능하다. 특히 보고서를 작성하는 일, 재고를 조사하는 등 현상을 정리하는 데 시간 투자하는 것을 아까워해 시간 낭비라 여기기도 한다. 그래서 주변 동료가 이런 종류에 일을 부여잡고 심혈을 기울이고 있으면 바로 답답함을 표현할 수 있다. 이토록 이들이 성격이 급한 이유는 사소한 일이라 여겨지는 것에는 시간을 최대한 줄이고 중요하게 생각하는 분야에 대해서 시간을 확보하기 위함이다. 이들이 중요하게 생각하는 건 혁신적이면서 실효성 있는가이다. 기획안에 흩날리는 오타보단 얼마나 기획안의 제안내용이 가치가 있는지 본질을 들여다보는 눈을 가졌다.

#이 일이 어떤 발전 가능성이 있는 거죠?

현재의 부족함보다 미래의 가능성을 더 중요시하는 이들은 자신의 능력을 개발하고, 미래를 기획하여 현실화시키는 작업에 시간 투자를 아끼지 않는다. 특히 남들은 엄두조차 내지 못하는 초

현실적인 일이라 생각할만한 새로운 분야를 개척하거나 시스템을 만드는 일을 실현하고자 한다. 그래서 직장을 선택할 때도 회사의 규모보다는 회사가 가진 아이템이 얼마나 혁신적이며, 회사의 비전이 확실한지, 성장 가능성이 있는지가 중요한 편이다.

#저는 의지가 약한 사람을 보면 화가 나요

업무에 집중하고 있으면 식사도 거르고, 심지어 화장실까지 참아가며 일을 하는 편이다. 자신의 건강보다 일을 중요하게 생각하는 편으로 일 이외의 것은 들러리로 여겨지는 경우가 많다. 여기에는 사람도 포함된다. 일을 추진하는 데 도움이 되지 않는 사람들이 옆에 있는 것만으로도 불편함을 느낀다. 특히 가장 이해하기 어려운 사람들은 의지가 약한 사람들이다. 며칠 밤을 일로 지새우는 당신에게 칼퇴근하면서 납기일을 맞추지 못하는 사람들은 이해하기가 어렵다. 특히 시도해 보지도 않고 못 하겠다며 자신의 능력을 한정 짓는 사람을 보면 화를 내기도 한다. 자신의 기준에서는 능력에 선을 긋고 도전하지 않는 것은 자신의 발전을 막는 행위, 현실에 안주하는 행위라 여겨지기 때문이다.

좋고 싫음이 분명하고 그것에 대한 표현도 확고하다. 좋아하는 사람들에게 주는 것에는 아낌이 없지만 싫은 사람들에게는 아는 척하는 것도 소모적이라 피하고 싶다. 그래서 그가 싫어하는 사람은 주변 사람들도 모두 느낄 수 있을 정도다. 이는 직장에서 싫어하는 사람을 상사나 같은 팀 동료로 만나게 되면 매우 불리하게 작용할 수 있다. 하지만 자신이 좋아하는 사람들이나 업무에는 경주마 기질이 발휘된다. 엄청난 집중력으로 상대에게 기대 이상의 만족도를 제공하는 것이 이들에겐 기쁨이다. 그래서 간혹 만나는 이성도 '모' 아니면 '도'를 만나는 경우가 있다. 무언가에 꽂히면 "바로 GO!" 하고 결정을 내리는 확실하고 성급한 기질의 영향이라고 볼 수 있다.

#군더더기 없이 요점만 말할게요

솔직함과 신속함으로 무장되어있는 이들에게는 인사치레, 스몰 토크를 하는 시간조차 아깝다. 오랜만에 마주한 거래처 직원이 반가운 마음에 이런저런 안부 인사를 물을 때도, 빨리 멈추지 않는다면 "본론으로 들어가시죠"라는 말이 턱밑까지 차오른다. 사실 이들에겐 회의시간이 숨 고르기 시간이 아니다. 하나라도 끝낼 수 있는 매우 소중한 업무시간을 빼는 것인데 이 시간을 형식적인 인사말로 채우기엔 너무 아깝다. 이 모습은 ESTJ 유형과도 닮아있다. 업무 중심적이고 신속함을 추구하는 모습은 비슷하지만 차이가 있다. ESTJ 유형은 현상에 집중하여 세심한 사항을 하나하나 챙기는 데에 반해 이들은 미래를 중시하기 때문에 목표 달성에만 집중하여 신속하게 일을 추진하다 예상치 못한 난관에 빠지기도 한다. 그래서 이들 옆에는 참모 같은 유형의 파트너가 있다면 업계에 획을 긋는 일인자가 될 수 있을 것이다. 그 참모와 헤어지지만 않는다면 말이다.

유형에 딱 맞는 업무 환경

#최고가 되어야 직성이 풀리는 사람

이들이 하는 일은 다른 사람이 하는 일과는 확연한 차별점을 보인다. 혁신적이고 기발하면서 완결성까지 있으니 당신의 존재감은 감추기 어렵다. 통찰력, 결단력, 끈기, 의지, 열정 그 무엇 하나 빠짐이 없다. 당신은 여기서 머무르지 않고 더 큰 미래를 그리며 정상을 향해 정진하여 대체 불가능한 입지를 위해 노력 중이다. 그 큰 야망 때문에 때로는 동료에게 시기를 사거나, 당신의 주변을 경쟁자 밭으로 만들어 버리기도 한다. 이들 중 정상의 위치에 오른 사람들이 많다. 아니, 정상이 아닌 곳에서는 견디기가 어렵다. 그래서 만약 회사에서 강력한 적을 만나거나, 한계에 부딪혔을 때 유연하게 넘기지 못하고 부러질 수도 있다. 그래서 회사에서 촉망받는 능력자였는데 돌연 퇴사를 결심하고 벤처사업가 대표로 명함을 내미는 사람들을 보곤 한다. 그만큼 성취욕이 매우 강한 사람으로 일도 사랑도 경쟁적으로 하는 면이 있다.

#원대한 목표와 꿈을 위해 헌신하는 당신

당신이 가진 목표는 실로 원대한 경우가 많다. 그럼에도 당신의 손을 거치면 현실이 될 가능성이 높다. 이루기 위해서라면 물불을 가리지 않고, 그 어떤 장애물도 헤쳐 나가는 강한 정신력 때문이다. 그래서 때로는 타인의 것을 빼앗거나, 자신의 건강을 해치는 경우도 더러 있다. 이런 당신이기에 가능한 목표이다. 이들이 이렇게 원대한 목표와 꿈을 향해 돌진하는 이유는 무엇일까? 독보적일수록 성취감은 더 커지기 때문 아닐까? 실제 이 유형의 사람들 중 성취감에 중독되어 끊임없이 도전하는 사람들을 많이 보곤 한다. 이들에게 경쟁은 자극제로 작용하여 주변인들과 선의

의 경쟁을 즐기기도 한다.

#복잡한 문제일수록 발동하는 승부욕

만약 생산국 이슈로 고객사의 납기일을 맞추기 어려워졌을 때 이들은 직접 가서 포장을 돕는 한이 있어도 그 납기일을 반드시 맞춰 결국 고객사의 신임을 얻는 불굴의 의지를 지녔다. 이렇게 문제가 터졌을 때 오히려 자신의 오기를 발휘하여 문제를 해결하는 등의 마초 같은 모습을 보이기도 한다. 어쩌면 어려운 상황일수록 이들의 능력을 보여주는 기회가 되기 때문은 아닌가. 그래서 이들은 오히려 고난이 포기보단 자극제로 활용된다.

#변화무쌍한 기술력이 필요한 사업 분야의 개척자

기술을 가지고 있지 않아도 다른 사람들이 새롭게 시도하지 않은 일들을 배워서라도 개척해 나가는 것을 즐긴다. 우리나라의 문화를 뒤바꿀 만한 혁신적인 시스템을 구축하여 현실화한 이들이 있다. 마켓컬리 김슬아 대표, 쏘카 박재욱 대표, 토스 이승건 대표, 프레시지 정중교 대표, 야놀자 이수진 대표, 퓨처플레이 류중희 대표, 마이리얼트립 이동건 대표 등인데 이들은 모두 ENTJ 유형이라 밝힌 바 있다. 공유오피스 업체 스파크플러스가 입주사 대표들을 대상으로 한 조사에서도 스타트업 리더 중 ENTJ 유형이 가장 많았다(2020년 9월 기준).

#사람들을 관리하고 조직을 운영하는 일

새로운 조직을 기획하고 체계화하는 데에 탁월한 능력을 지녀 리더십이 있다는 평을 듣곤 한다. 이 유형들은 사람들에게 카리스마 있는 리더로 평가될 가능성이 높은데 나아가는 방향을 명확히 하고 조직원들에게 확신을 주어 신뢰를 쌓기 때문이다. 그래서 일명 '나를 따르라. 그리고 알아서 따르라. 큰 그림만 제시해 줄게'라는 리더십으로 조직원들을 관리하여 조직원들이 불안해 할 수 있다. 하지만 그런 혁신적인 그림을 확고한 신념으로 밀어붙이는 리더는 드물기에 그 신념과 카리스마에 매료되어 따르는 직원들이 많다.

유형의 업무 강점 및 추천 진로

– 황무지에서도 새로운 시스템을 만들어간다.

– 미래를 계획하고 원대한 꿈을 현실화한다.

– 불굴의 의지로 어려움을 헤쳐 나가고 장애를 극복한다.

– 강력한 카리스마로 조직을 이끌고 믿음을 준다.

– 감정에 휘둘리지 않고 일을 객관적으로 처리한다.

– 확고한 표현력으로 상대를 설득하고 확신을 준다.

– 지적인 욕구가 강해 새로운 것을 학습하는 것을 즐긴다.

* 추천 진로: 경영컨설턴트, 변호사, 노조위원장, 벤처사업가, 마케팅 책임자, 행정서비스 관리자, 건축개발 엔지니어, 영업관리자, 투자상담가, 소프트웨어 개발자 등.

반대유형과 생길 수 있는 갈등의 순간

일인자(ENTJ) 팀장과 고수용(ISFP) 프로는 이번 분기에 마이너스 된 마케팅 수익률(ROI)의 원인을 검토 중이다.

고수용 프로: 이번 3분기 수익률은 −17%로 결과가 나왔습니다. 아무래도 50년 만에 폭염 인지라 소비자들의 이동이 적었던 것이 원인으로 파악됩니다.

일인자 팀장: 그렇게 무책임한 말이 어디 있습니까? 여름에 폭염은 당연한 건데 대비했어야 하는 거 아니에요? 그것도 계획을 못 했다는 게 말이 되나요?

고수용 프로: 죄송합니다. 그건...

일인자 팀장: 죄송하다고 될 일이 아니잖아요. 다른 원인으로 다시 보고하던가 해결책을 찾아오세요.

고수용 프로: 어떤 다른 원인이 있을까요? 폭염을 어느 정도는 예상했지만 50년 만에 역대 폭염이라 휴가지에도 유동 인구가 없었더라고요.

일인자 팀장: 그럼 휴가지랑 유동 인구 수도 구분해서 도출하면 결과가 좀 다를 수 있지 않겠어요? 내가 아직도 이렇게 일일이 알려줘야 하나? 답답하네 정말!

(ISFP) 고수용 프로의 생각

적극적임을 넘어선 저돌적인 리더라 배울 점이 많긴 하지만 자꾸만 내가 작아짐을 느낀다. 별말씀 안 하는데도 이상하게 카리스마에 압도되어 아무 말도 생각나질 않는다. 유난히 큰 목소리 강한 인상에 압도되어 보통 강심장이 아니면 그 분위기를 이겨내기 힘들 것이란 생각이 든다. 그중에서도 나를 가장 힘들게 하는 것은 나의 생각이든 행동력이든 모든 것이 부족한 사람처럼 느끼게 하는 표현들이다. "노력하지 말고 잘하란 말이야", "그런 식으로 해서 언제 마무리 지을래!" 등 압박하는 표현에 숨이 막혀온다.

#(ENTJ) 일인자 팀장의 생각

고수용 프로는 언제나 천하태평이다. 자극적인 말들에도 항상 천연덕스러운 표정으로 "죄송합니다" 외치고 나면 어느새 리셋이 되는 듯하다. 같이 일한 지 오래됐지만 여전히 그의 행동을 보면 자신감 없는 듯한 표정과 수줍은 말투에서 답답함을 느낀다. 그리고 빠릿빠릿하게 처리하고 좀 더 다각적인 측면으로 사고하여 업무에 임하기를 바라는 것은 나의 욕심인 듯하다.

#갈등의 해결책

일인자 팀장의 열등기능은 감정(F)으로 상대의 감정을 헤아리는 것이 뒷전이 되는 데 반해 고수용 프로의 주기능은 감정(F)으로 따뜻한 말 한마디 상대의 태도가 중요하다. 그래서 팀장의 한마디 말에도 상처받고 쉽게 의기소침해진다. 그래서 유난히 일 팀장과 함께일 때 고프로는 작아진다는 느낌을 받을 수 있다. 이럴 때 고 프로는 그 상황을 회피하는 방법을 택하는 경우가 많은데 이것은 일인자 팀장도 원하는 방향이 아닐 것이다. 그러므로 일인자 팀장은 자신의 답답한 마음이나 아쉬운 마음을 표현하는 방법에 변화를 주어 내가 원하는 방향으로 고 프로를 이끄는 것이 유리할 것이다. 이때 행동 위주의 피드백과 함께 감정을 알아주는 피드백이 효과적이다.

효과적인 피드백 예시

행동을 지적하며 압박하는 피드백	최고조 프로의 감정을 알아주고 명확한 가이드를 제시하는 피드백
"쪽지 회신을 늦게 주는 편이네. 정해진 기한을 놓친 것이 이번이 벌써 3번째야!"	"좋은 결과물 내려고 심혈을 기울인 것이 느껴져. 그러나 기한을 놓치면 그 뒤에 일들이 다 틀어지거든. 그래서 앞으로는 기한 지키는 것을 더 우선시해 줬으면 좋겠어."

슬럼프에 빠진 '나' 깨우는 방법

#조 코치 Message

타고난 리더의 기질로 사람들과 함께 있으면 당신의 카리스마로 상대를 압도하는 당신! 조직의 해결사 역할로 어려운 문제를 알아서 척척 해내는 당신! 엄청난 추진력으로 조직을 이끄는 당신의 존재감은 실로 독보적입니다. 그러나 인생의 파도는 누구에게나 밀려옵니다. 이땐 무모할 정도의 강한 정신력보다는 지나가기를 기다리는 여유로움과 유연한 태도가 필요할 텐데요. 이때에도 당신은 강한 자존심 때문에 힘들거나 기죽은 내색도 하지 않고 꼿꼿이 일어나 혼자 버텨내려는 모습을 보이는 경우가 많습니다. 사람들에게 나약한 모습을 들키고 싶지 않고, 들킨다고 해결되는 것도 아니겠지만 가까운 누군가에게 주저앉아 털어놓는 것만으로도 후련해질 수 있다는 것을 알았으면 합니다. 처음 바다에서 건져진 입을 앙다문 조개는 불순물이 가득 차 있지만 입을 벌리면 정화가 되듯 입을 벌려 "힘들다"라고 말해 보세요. 당신이 '퉤'하고 나를 힘들게 하는 불순물을 뱉어내면 그만큼 정화됨을 느끼실 수 있습니다.

ISFP

겸손한 부뚜막 고양이,
고수용 프로

유형의 업무 특징

: "제가 잘한 것보다 우리 팀원들과 함께이기에 가능했죠."

#사람들이 힘들면 저에게 털어놔요

16가지 유형 중 가장 따뜻한 유형이라 불리는 사람들로 평소 온화하고 평정심을 유지하는 표정이 세상을 달관한 듯하다. 이들에게는 인생에 그렇게 힘든 일도 기쁜 것도 없는 것 같다. 이런 평정심을 유지하는 모습 덕분에 이들을 마음의 고향처럼 느낄 만큼 고민을 토로하는 동료들에게 따뜻한 공감을 해주고 고충을 들어준다. 이렇듯 조직에서도 대부분 수용적인 태도를 보이는 경우가 많다. 이들은 조직에서 무언가를 "이렇게 해봅시다!" 추진하기보단 "그럽시다"라는 입장을 펼치고 뒤에서 서포트 역할을 자처한다. 다만, 당신의 공감이 상대에게는 동조로 여겨질 때가 있다. 그래서 훗날 다른 주장을 펼쳤을 때 "업무 시작할 때 이미 동조하지 않았었나요?"라는 공격을 받을 수도 있다.

#조용히 묻어가면 반 이상은 할 수 있지요

마른 장작이 타듯 활활 타오르는 열정보단 화로 같은 꾸준함이 이들에겐 강점으로 작용한다. 한 번에 후다닥 처리해야 하는 신속한 업무보단 꾸준함으로 멀리 갈 수 있는 업무에서 빛을 보인다. 그래서 주변 사람들이 때로는 이들의 기여도를 몰라줄 때가 있다. 하지만 잡음이나 큰 사고 없이 중간 이상을 가는 사람들이 많다. 조직에서 논쟁이 생겼을 땐 침묵이 당신을 유리한 위치로 데려다준 경험이 있을 것이다. 그래서 조직에서 중재자의 역할을 자처하게 되는 경우가 많다.

#대중 앞에 서는 건 제발 시키지 말아 주세요

쑥스러움이 많은 편인 데다 타인의 감정을 신경 쓰는 이들에게 사람들 앞에 선다는 부담감은 예상보다 훨씬 크다. 그래서 혹자는 발표나 건배사 자리를 피하고 싶어 일부러 시간 맞춰 화장실을 다녀온 경험이 있다고 말할 만큼 사람들 앞에 나서는 것을 부담스러워 하는 경우가 많다. 그런데 아이러니하게도 이 유형을 얌전한 고양이에 비유하는 경우가 많다. 왜냐하면 평소 쑥스러움을 많이 타는데 노래방에서 노래를 기똥차게 부른다든가, 설렁설렁하는 것 같은데 우수사원으로 뽑히기도 한다. 그럼에도 말과 다른 행동이 밉지 않은 이유는 "운이 좋았다"는 겸손한 말로 아름답고 훈훈하게 마무리 짓는 미덕을 지녔기 때문이다.

곤란한 상황에서 먼저 사과하는 것이 마음이 편하다. 단, 사과가 진정으로 반성하고 미안함을 느끼며 하는 것은 아닐 수 있다. 탕비실 비품이 소진되었는데 제때 주문을 넣지 않아 꾸지람을 들었다. 이때 다른 유형들이라면 마지막으로 사용한 사람이 알려주지 않아 몰랐다고 자신의 상황을 표현해 갈등이 수반될 수 있지만, 이들은 잘못을 자처하는 것으로 상황을 수습하기도 한다. 이처럼 이들의 '사과'는 상황 자체에 대한 미안함보다는 상대가 느꼈을 감정에 공감하는 것인데 이로 인해 오해를 받거나, 상황이 반복되는 경우도 생긴다.

#현재에 충실한 카르페 디엠

많은 사람들은 행복을 위한 조건으로 권력이나 재산 등을 꼽는 경우가 있다. '내가 건물을 가지면 행복 해질 거야'라며 행복을 유보해 놓는 사람들과는 달리 이들은 현재의 행복을 발견하는 편이다. 이들은 나에게 달린 장신구로는 본래의 만족감을 줄 수 없다는 것을 잘 아는듯하다. 행복을 '미래의 나'에게 넘기지 않고 '지금의 나'에게 선사하기에 매사에 여유가 넘친다. 행복은 사랑하는 사람과 나누는 것에서, 오랜만에 보는 반가운 것에서,

늘 함께해온 소중한 것들을 발견하면서 찾아온다는 것을 알고 있는 듯하다. 소유의 행복보다는 발견의 행복을 느낄 줄 아는 능력자이다.

유형에 딱 맞는 업무 환경

#최소의 노력으로 최대한의 효과를 누릴 수 있는 직업

활동적인 작업이나 취미를 갖기보단 누워있는 것을 즐기는 이들은 평소 "귀찮다"는 말을 습관처럼 뱉는 경우가 있다. 이처럼 몸을 움직이기보다는 최소한의 움직임으로 앉아서 하는 작업에 능한 편이다. 특히 가만히 앉아서 손으로 생산할 수 있는 것들을 잘하는 경우가 많다. 그래서 손재주가 필요한 직업이 잘 어울린다. 또, 어떤 이유에서인지 순수예술 쪽에 유명인사 중 ISFP 유형이 많다. 베토벤, 토스카니니, 램브란트, 니진스키들도 이 유형에 속했다고 한다. 이렇게 영감이 떠오를 때마다 간헐적으로 일하는 순수 예술가 직업도 어울릴 수 있다.

#일과 삶의 균형을 지켜주세요

이들은 일을 성공의 수단보단 삶을 지켜주는 수단으로 생각하는 경우가 많다. 그래서 직장 내 모험이나 도전보단 안정과 평화의 위치에 더 끌릴 수 있다. 자리에 오르면 오를수록 오히려 부담을 느낄 수도 있다. 그런 만큼 직장에서도 성과를 티 내지 않고 겸손한 자세를 유지한다. 이들은 16가지 유형 중 가장 겸손함을 지니고 있다. '드러내지 않는다는 것'은 심연의 빙하같이 그것을 가늠하기 어렵듯 주변 동료들은 이들의 보이지 않는 넓고 깊은 마음에 더 큰 신뢰감을 가지게 된다. 이들이 직장에서 가장 위험을 느낄 때는 빡빡한 규정을 가지고 경쟁을 유도하며 일이 많은 것이다. 이들에겐 경쟁적인 직장은 출근 생각만으로도 숨 막히게 하는 환경이다. 반면 이들이 안정감을 느끼는 환경은 서로의 생각이 존중되고 자율적으로 하되, 정해진 분량대로 일을 처리하는 것이다.

#혼자 무언가에 열중할 때 피어나는 집중력

평소 가만히 앉아 멍을 때리거나 잠을 자며 일을 미룰 수 있을 때까지 미루는 등 다소 게을러 보이는 인상을 준다. 하지만 이는 다른 무언가에 엄청난 몰입을 위한 에너지를 아껴두는 듯하다.

자신이 흥미롭게 생각하는 한 가지에는 충동적이며 행동이 분주해진다. 그래서 직장에서 봐온 동료와 사내동호회에서 볼 때 다른 사람처럼 느껴지는 경우가 있다. 평소 이들은 말이 없어 어떤 일을 잘하는지 알기 어렵다. 이들이 어려워하는 것 중 하나는 자신을 표현하는 일이기 때문이다. 그래서 알고 보니 엑셀의 달인이었다던가, 기타 예체능에서 엄청난 실력으로 대회 수상까지 했던 경험을 가지고 있는 등의 흥미로운 과거를 가진 경우가 있다. 이들은 하나에 몰입을 하면 주변에 해가 지는지 뜨는지 시간을 잊은 채 집중하는 경향이 있다. 그래서 완전한 몰입이 필요한 창작의 일에서 두각을 드러내는 듯하다.

#이론보다는 체험학습

컴퓨터가 고장이 나면 설명서를 뒤적이기보단 직접 분해를 해서 고치는 타입으로 직접적인 경험을 중요하게 생각하는 경향이 있다. 선, 색깔에도 감각이 있어 디자인 분야에서 두각을 드러내는 경우가 많다. 오감을 사용해서 수공예로 무언가 만들어내는 것에 능하며, 미세한 변화도 잘 감지하는 관찰력을 가지고 있어 수정이나 수리를 하는 데 능력이 있는 경우가 많다. 이론적으로 보이지 않는 현상을 분석하고 예상하는 것보다는 현존해 있는 사물을 다루고 해결하는 능력이 돋보인다.

#낯을 많이 가리지만 진정한 성인군자

평소에 말을 아끼는 무뚝뚝한 편으로 처음 보는 사람들에게는 다소 냉소적인 것처럼 보일 수 있으나 알아갈수록 넓은 포용력과 수용적인 면에서 '이 시대에 진정한 부처' 같다는 말을 듣기도 한다. 직장에서 악명 높은 위계적인 상사와도, 소심하며 잘 토라지는 상사와도, 많은 핀잔을 들으면서도 잘 견뎌내는 것은 신기할 정도다. 그러나 어느 날 출근을 안 하고 노동부에 신고가 들어갈 수 있다. 무던한 성격 때문에 감정에도 무딜 것이라 생각되지만 이들의 주기능이 감정(F)인 만큼 관계의 예민도는 높은 경우가 많다. 그래서 이들이 주로 선호하는 문화는 느슨한 연대로 적정한 관계를 유지하고 배려하면서 자율적인 환경이 조성되는 것이다.

유형의 업무 강점 및 추천 진로

- 서로의 프라이버시를 존중해 주면서 협력적인 업무 환경을 조성한다.
- 하나하나 차근차근 이뤄나가는 일에 능하다.
- 예술적 감각이 요구되는 일에서 의외로 적성을 찾는 경우가 많다.
- 따뜻한 수용력으로 조직원들의 조화에 많은 기여를 한다.
- 하나의 취미를 즐기며 엄청난 몰입력을 보인다.
- 긍정적인 사고로 어떤 일에서든 만족도가 높은 편이다.
- 특별한 행동을 하지 않아도 주변 사람들이 당신에게 호감을 느끼며 의지하는 편이다.

* 추천 진로: 순수예술, 초등학교 교사, 플로리스트, 세공사, 셰프, 목수, 인테리어 디자이너, 음악 감독, 소방관, 사회복지사, 물리치료사, 아동복지상담사 등.

반대유형과 생길 수 있는 갈등의 순간

고수용(ISFP) 프로와 임충신(ISFJ) 프로는 새로운 프로모션 도입을 위해 계획을 수립 중이다.

고수용 프로: 이번 프로모션 지역은 부산, 서울 어디부터 시작할까요?

임충신 프로: 아 그러게요. 둘다 한 번씩 시작해 봐서 장단점을 파악하긴 했는데 어느 지역부터가 좋을까요? 결정이 어렵네요.

고수용 프로: 아 너무 어렵네요. 서울? 부산? 하아...

임충신 프로: 그건 그렇고, 그것보다 새로운 프로모션을 어떻게 우리끼리 해낼 수 있을지 걱정이네요.

고수용 프로: 어떻게든 잘해낼 수 있겠죠. 임 프로님이 워낙 또 중심 잡고 잘 해주시잖아요.

#(ISFJ) 임충신 프로의 생각

평온한 호수처럼 마음이 넓은 고수용 프로와 일하면 왠지 모를 편안함을 느낀다. 항상 상대를 배려하고 경청을 잘 해주어 나의 의사를 표현하는데 주저함이 없다. 근데 문제는 둘이 만나면 결정이 잘 안된다. 일을 추진하는 데 있어 둘 다 너무 배려하는 타입이기에 결정을 미루다 보면 일 또한 늦어진다. 또 지나치게 여유 있는 고 프로를 믿다간 기한을 맞추기 어렵다는 것을 알기에 마음이 더 급하다.

임충신 프로는 일에 있어 수용적인 태도로 항상 팀장님의 신뢰를 독차지하는 직원이다. 그래서 임충신 프로에 대한 의존도가 높은 편이다. 게다가 배려심이 높아 나의 의견을 물어봐 주고 존중해 주어 일하기 편한 환경을 제공해준다. 그런데 가끔 임 프로는 분명 나에게 하고 싶은 말이 있는 것 같은데 멈칫하는 모습을 발견한다. 서로를 너무 배려해서 상대의 아쉬운 점을 말하기 어렵다. 그래서 비슷한 것 같으면서도 말로 표현할 수 없는 거리감이 느껴지기도 한다.

#갈등의 해결책

서로의 모습을 주변에서 보게 되면 가슴을 두드리게 되는 답답함을 느낄 것이다. 서로의 배려심과 배려심이 만나 배가 되어 결정이 어렵거나, 추진이 원활히 되지 않을 수 있다. 그나마 주기능이 감각(S)인 임충신 프로가 상황에 맞는 적응력을 발휘하여 리더십을 발휘할 테지만 이마저도 고수용 프로의 미세한 감정의 변화를 알아차리게 되면 말을 주저하게 될 수 있다. 이때 원활한 업무처리를 위해 둘에게 필요한 것은 배려가 아니라 업무를 명확하게 나누는 것이다. 해야 하는 업무를 상세하게 리스트화하여 누가 할지 나누고, 이것을 반드시 문서로 남겨 결정을 명확히 하는 것이 필요하다. 그리고 무언가 결정이 필요하다면 서로의 의견을 묻는 것보다는 종이를 꺼내두고 결정으로 인한 장단점을 써보기를 추천한다. 쓰는 작업은 사고를 객관화시켜주고 생각을 정리해주어 현명한 결정을 내릴 수 있게 도와준다.

슬럼프에 빠진 '나' 깨우는 방법

#조 코치 Message

사람들에게 늘 따뜻한 배려와 겸손함으로 무장한 당신! 상대를 배려하는데 에너지를 쏟지만 자신을 돌보는 것엔 무심할 수 있습니다. 그래서 알 수 없는 무기력감에 빠져있나요? 흥미를 잃고 일상에서 벗어난 새로운 시도는 당신에게 활력이 될 수 있습니다. 혹시 옛날부터 하고 싶었던 것이 있었는데 우선순위에 밀려 방구석 서랍 속에 놓여만 있는 취미가 있나요? 혼자 여행을 가고 싶거나 스포츠댄스를 배워보고 싶다면 고민으로만 시간 낭비하지 말고 실행에 옮겨 보세요. 그러나 쉽지만은 않을 당신입니다. 예약하려 해도 컴퓨터 켜는 게 귀찮아 시기를 놓칠 수 있으니까요.

  그때 이것을 기억해주세요. 당신이 실행을 망설였던 이유는 늘 '최선의 선택'만을 고집했던 완벽주의 성향 때문일 수 있습니다. 삶에는 만족스러운 선택과 최선의 선택을 하는 순간이 있습니다. '만족스러운 선택'은 내가 맘에 들면 더 이상 고민하지 않고 선택하는 것이고 '최선의 선택'은 만족스러운 선택지 중 최고를 선택하는 것인데 당신은 어떤 선택을 해왔나요? 늘 최선의 선택을 했다면 그 이후 후회는 없었나요? 오히려 이것저것 살피다 알게 된 정보 때문에 결정하고도 아쉬움이 남았던 경험이 더 많을 것입니다. 최선의 선택도, 만족스러운 선택도 어차피 후회를 남긴다면 내 삶에 엄청난 해를 끼치지 않는 문제에는 '만족스러운 선택'을 해보는 건 어떨까요?

ENTP

새로움 앞에 에너자이저,
무한도 프로

유형의 업무 특징

: "여러 우물을 새로 파다 보면 결국, 깊은 우물이 나오지 않겠어요?"

#흥미로운 것에는 닳지 않는 건전지

"운명을 두려워하는 사람은 운명에 먹히고, 운명에 도전하는 사람은 운명이 길을 비킨다(오토 폰 비스마르크)"라는 말이 있듯이 새로운 도전 속에 성장이 있다고 믿는다. 존재감이 화려한 이들은 주변에서도 강한 에너지를 느낀다. 다른 사람들보다 한 톤 높거나, 강한 말투로 사무실의 분위기를 장악한다. 이런 에너지는 말투뿐만 아니라 업무에서도 느껴진다. 자신이 재미있다고 느끼는 개발 업무에 돌입하면 점심시간도 잊은 채 열중하는 모습을 보이기도 한다. 자신이 형광색 디자인에 빠져있다면 자리면 자리, 옷이면 옷 그의 주변을 모두 형광색으로 만들어 버린다. 이렇게 열정적으로 하나에 몰입을 하는 경향이 있지만 다행인 건 오래가진 않는다는 점이다. 만약 이 열정이 오래갔다면 아마도 사무실 전체가 온통 형광색으로 바뀌어 있었을 것이다. 열정이 식었거나 질렸다고 생각할 수 있는데 열정이 식었을 리 없다. 이 열정 그대로 흥밋거리가 바뀐 것뿐이다. 이들은 새롭게 몰입할 수 있는 것들을 계속해서 찾아 나간다. 흠뻑 빠질 수 있는 책, 취미, 사람 등 분야를 정해 계속 바꿔가며 열정의 온도를 유지한다. 그래서 새로운 프로젝트를 시작할 때 이들과 함께라면 열정의 분위기 조성은 물론 통통 튀는 아이디어까지 얻는 효과를 누릴 수 있다.

#사람들 놀리는 거 솔직히 재미있죠

좋아하는 반 친구의 고무줄을 끊어 보거나, 친한 친구를 놀리다 싸울 뻔한 적이 있는가? 반항아 기질이 있어 사람들을 놀리는 것을 좋아하는 편으로 동료들과의 가벼운 농담으로 분위기를 즐겁게 해주기도 한다. 가끔 여과 없이 말을 해 상대의 감정을 상하게 하는 경우도 있긴 하지만 밉지 않은 이유는 자신을 드러내는 것에도 필터링 없이 솔직하기 때문이다. 꼼꼼하지 않은 당신에게 피드백하는 동료에게 "맞아요. 저 솔직히 세심하게 잘 못 봐요"라고 웃으며 받아들인다. 이렇게 자신에게 허점이 될 만한 이야기를 솔직하고 당당하게 드러내면 사람들은 그 허점에 관대해지는 경향이 있다. 그래서 상대의 흉을 보는 이유도 별로 크게 개의치 않는 듯하다. 그리고 놀리는 재미에 헤어 나올 수 없는 것도 부정할 수 없는 사실이다.

이들은 흥미롭게 다양한 분야를 탐구하려 한다. 깊게는 아니더라도 과학, 정치, 예술 등 다양한 분야를 섭렵하고 있어 스마트한 인상을 준다. 왜냐하면 지적인 욕구가 높기 때문에 새로운 분야에 대해 알아가고, 소식을 듣는 것에 흥미를 느낀다. 그래서 직종의 트렌드를 알고 싶거나, 새로운 정보가 궁금할 때 이들을 찾아가면 유용한 힌트를 얻을지 모른다. 거기에 확신에 찬 자신의 생각, 아이디어들까지 듣는다면 아마 정지해버린 회로를 깨울 수 있을 것이다. 단 깊게 파고 들어가 모르는 것을 자꾸 물어본다면 "그건 직접 알아보셔야죠. 거기까진 제가 모르죠"라는 말을 듣게 되거나 틀린 정보를 듣게 될 수도 있으니 주의가 필요하다.

독특한 패션이나 특별한 취미, 반경이 큰 행동 등은 사무실에서도 존재감을 숨기기가 어렵다. 이런 시선들을 때론 즐기기도 한다. 사람들 사이에 섞여 있어도 어디로 튈지 몰라 독특하다는 말을 자주 듣곤 한다. 그런 말에 신경이 쓰일 법도 하지만, 이들은 사람들 사이에서 자신을 특별한 존재로 인식해 주는 것처럼 받아들이기도 한다. 왜냐하면 무난하거나 존재감 없는 편보다는 그 반대를 선호하는 편이기 때문이다. 그만큼 자존감이 높고 자기애가 강한 편이라 사람들의 말에 일희일비하는 일이 적다. 실제로도 독특한 면을 보인다. 남들과는 결과물에서도 자신만의 색깔을 녹이거나 시그니처를 남기는 등 특별한 존재로 인정받고 싶은 욕구가 강한 편이다.

#외근 다녀오겠습니다

가만히 앉아서 뭔가를 연구하거나, 깊은 생각에 잠기는 것에는 흥미가 적은 편이다. 밖에서 활동하거나 사람들을 만나면서 새로운 흥미를 만들어가는 것이 적성에 더 맞는다. 그래서 큰 그림을 기획하는 일에 두각을 나타낸다. 그러나 이들에게 루틴 있는 일, 사사로운 일들까지 완벽히 챙기는 건 너무 어려운 일이다. 그래서 경비, 출장비 등 기본적인 일에서 이외의 실수가 발생하기도 하는데, 이유는 자신만의 기준에서 중요도 높은 업무에 집중하느라 중요도 낮은 업무는 소홀해진다. 그만큼 시간을 효율적으로 사용하려다 보니 상사가 회사 내 규정과 복잡한 절차들로 이들을 옥죄면 너무 답답하게 느낄지 모른다. 일정한 FM 프로세스를 지켜서 일을 하라고 하면 그것만으로 숨이 턱턱 막힌다. 외근을 다녀오는 길에 점심시간을 아껴 1시간 안에 내 개인적인 용무를 보았다. 그런다고 해서 뭐가 잘못되었는가? 근데 상사는 내가 잘못했다고 한다. 필요 없는 범위에서의 규율과 규범은 나의 능률을 떨어뜨린다고 생각하는 편이다. 오히려 이들은 자유분방한 자리에서 업무효율이 난다고 생각한다.

유형에 딱 맞는 업무 환경

#사람들을 설득할 자신이 있어요

사람들이 솔깃할 만한 주식 이야기, 미래 예언가가 말한 이야기 등의 주제를 꺼내며 사람들의 환심을 사는 ENTP 유형의 스마트한 매력에 사람들은 매료된다. 이런 이야기들로 주변을 재미있고 유익하게 만드는 능력뿐 아니라 상대를 묘하게 설득하는 능력도 탁월하다. 기본적으로 언변이 화려한 이들은 상대에게 이성적인 논리로 설득하는 면에서도 두각을 드러내는데, 특히 확신에 찬 어조로 설득할 때면 청국장도 된장으로 믿게 만든다. 또한, 상황을 대처하는 능력도 탁월해서 궁지에 몰렸을 때 적절한 이유를 들어 현명하게 상황을 모면한다. 그래서 대중들 앞에서 프레젠테이션할 때에도 실전에 강한 모습을 보이는 편이다.

#궁금한 건 물어봐야죠

궁금한 건 때와 장소를 가리지 않는다. 사장님과 있을 때도 궁금한 건 참기가 어렵다. "사장님 말씀 중에 정말 죄송한데요. 헤어는 왜 기르시는 거예요?" 이렇게 질문하면 자신의 궁금증은 풀릴 수 있겠지만 사람들의 뜨거운 시선을 받을 수 있다. 이런 호기심이 직장에서 발현되면 새로운 분야를 탐색하거나, 새로운 디자인을 꾸며보는 등 독특한 시도를 한다. 이 호기심이 업무에선 새로운 것을 기획하고 발견하는 것에 능력을 키워준다. 그래서 새로운 사업 분야를 확장하는 직업에서 두각을 보일 수 있다.

#남들과는 다르게, 남들보다 빠르게

이들의 좌우명은 '시도하지 않으면 아무것도 변하지 않는다'이다. 무엇이든 새로운 시도에서 발전이 뒤따른다고 믿는다. 에디슨은 전구를 만들기 위해 6,000번의 실패를 맛봤고, 스티브 잡스의 혁신적인 사고 덕분에 집집마다 컴퓨터가 놓일 수 있었다. 발전은 기존의 틀을 깰 때 가능해진다. 그래서 발전하지 않고 현실에 안주하고 쳇바퀴 돌듯 하루를 살아가는 건 이들에게 답답한 일이다. 그래서 똑같은 프로젝트를 하더라도 기존에 했던 것과는 달라야 직성이 풀린다.

업무에서 가장 자신 있는 것은 새로운 업무를 창조하는 일이다. 다른 사람들에게는 창작의 고통이라 하지만 이들의 창작은 자주자주 입 밖으로 삐져나오는 경우가 많다. 'A와 B를 접목해서 새로운 시스템을 만들어 보면 어떨까?'라며 상상이 시시때때로 머릿속에서 생산된다. 특히 이들이 일에서 가장 흥미를 느끼는 때는 생각으로만 가지고 있던 아이디어를 현실화했을 때로 짜릿한 희열감을 느낀다. 그래서 일명 아이디어 창고로 불리기도 한다. 경쟁심이 많은 편이지만 남들과 비교해서 우위에 오르기보다는 대체 불가능한 사람이 되고 싶다고 말한다. 이들은 남들과는 다른 나만의 길을 걷는 마이웨이가 나쁘지 않다고 생각하는 경향이 있다. 그래서 업무 기한이나, 철저한 규칙들이 통통 튀는 생각들을 묶어둘 수 있으므로 자유분방하고 평등한 조직문화 조성이 필요하다.

#내가 모르는 사이에 벌어진 사업 확장

이들은 타고난 사업가 기질을 가졌는데 그중에서도 사업 확장의 고수라 말한다. A 분야에서 한 가지 제품을 다루고 있으면 그것이 성공을 거두기 전에 두세 가지 제품으로 확장하고 싶어 한다. 시도를 두려워하지 않고, 화수분 같은 열정이 이를 도와 가능

케 한다. 계속되는 확장에 동료들이 지치지 않고 마무리만 해준
다면 쾌속 성장을 이룰 가능성이 있다. 그러나 그에 따른 위험 부
담은 개의치 않는 경우가 있어 위기에 대한 대비가 필요하다.

#상사들과의 회식 자리가 부담된다니요

윗사람들을 특별히 어려워하지 않는다. 존경할 수 있는 사람
을 만나서 대화하는 자리를 즐기는 편이기 때문이다. 그래서 다
른 사람들에겐 불편할 수 있는 자리도 즐기며 참석한다. 그들과
회사의 나아갈 방향, 정재계의 소식을 공유하면서 자신의 지적인
호기심을 채우는 것에 만족감을 느끼기도 한다. 이렇게 만나서
들은 정보들을 다른 동료나 친구들에게 공유하며 자신의 네트워
크를 뽐내기도 한다. 그만큼 외부 활동이 많아 집에 붙어 있을 시
간이 별로 없다. 이들은 돌아다니면서 정보를 찾고 사업을 확장
하는 일에서 타고난 재능을 보인다.

유형의 업무 강점 및 추천 진로

- 직관적인 아이디어로 새로운 분야를 개척한다.
- 다양한 분야의 지식을 가지고 토론을 즐긴다.
- 사업 투자를 위한 설득이나 PT에 능하다.
- 끊임없이 새로운 아이디어를 생각하고 표현한다.
- 임기응변에 능하여 해결을 자처한다.
- 자유분방한 분위기에서 더 기발한 아이디어가 도출된다.
- 희생양만 있어 준다면 화려한 입담으로 조직의 분위기를 즐겁게 만든다.

* 추천 진로: 기업가, 발명가, 변호사, 마케팅 기획가, 카피라이터, 정치인, 전략가, 형사, 콘텐츠 크리에이터, 인포그래픽 디자이너, 쇼호스트, 사진작가 등.

반대유형과 생길 수 있는 갈등의 순간

무한도(ENTP) 프로는 일인자(ENTJ) 팀장에게 판촉 활동을 위한 물품 구매리스트를 보고 중이다.

무한도 프로: 이번 판촉은 좀 새로운 업체와 함께 해보려고 합니다. 구매하려는 물품을 할인 중인 신생업체가 생겨서요.

일인자 팀장: 그래. 기존에 하던 업체랑 너무 오랫동안 해서 긴장이 필요하겠더라고. 뭐 사려는지 볼까? (구매리스트를 보며 사인을 바로 하려는데) 근데 잠깐만. 이거 계산이 틀린 것 같은데? 다시 계산 좀 해 보시겠어요?

무한도 프로: 맞을 텐데... (구매리스트를 살펴보며) 개별 계산은 잘된 거고요. 여기서 합산이 틀어진 거네요.

일인자 팀장: 그래 다시 정리해서 줘. 그리고 저번에 지난 분기도 조사해 달라고 했던 것 있잖아. 어떻게 됐나?

무한도 프로: 아 그게... 아직 고객사에 답변이 덜 온 것도 있고, 새로운 판촉 추진하느라 정신이 없어서요.

일인자 팀장: 아니, 본인이 자진해서 추진하는 일 외에는 항상 뒷전이네. 긴장해서 이런 사소한 일도 좀 놓치지 말자고!

#(ENTJ) 일인자 팀장의 생각

새로운 것을 이렇게 잘 알아서 기획하고 해내는 걸 보면 상사인 나도 대견하게 느껴진다. 그러나 처음은 창대하고 끝은 미약해지는 경우가 많다. 추진하는 단계에서 실수가 연발되어 업무를 수행하는 단계에서는 맘을 졸이게 한다. 특히, 실수가 발생 되었을 때 잘못을 잘 인정하지 않고 상황을 모면하는 말들로 넘기려 할 때 화가 난다. 그래서 무 프로 혼자 처리하는 일에는 항상 불안감을 가지게 된다.

#(ENTP) 무한도 프로의 생각

급하게 요구하는 것이 걸린다. 무엇이든 지시를 했으면 바로 결과물이 나와야 하는 편이라 다른 것에 집중하다 보면 업무처리를 성실히 수행하지 않은 사람이 되곤 한다. 진취적인 추진력과 기획과 체계를 중요하게 생각하는 것은 나와 비슷한 면이 있지만 팀장님도 업무에 실수가 많은 편인데 나를 지적할 땐 약간 반항아 기질이 나오기도 한다.

#갈등의 해결책

일인자 팀장은 자신의 큰 그림을 이해하고 실행으로 옮겨주는 조직원을 원할 것이다. 그러나 ENTJ 유형이 그려놓은 그림을 단번에 이해하기란 쉽지 않다. ENTJ 유형에게 ENTP 유형의 이들은 그것을 이해하고 더 확장 시켜주는 소위 소통이 잘되는 조직원일 것이다. 그러나 실천 단계에선 자신의 고집대로 일의 방향을 잡거나, 행동이 느려 답답함을 느낄 수 있다. 더구나 완성된 결과물 완성도에 좀 더 집중해 주었으면 할 것이다. '개미구멍으로 공든 탑이 무너진다'라는 말이 있듯 미래의 방향성을 잘 감지하여 좋은 밑그림을 그려났더라도 거기에 디테일한 2% 때문에 결과물을 망치게 되거나 일이 꼬여 버릴 수 있다는 것을 알아야 한다. 그래서 이들에게 도쓰카 다카마사가 지은 《세계 최고의 인재들은 왜 기본에 집중할까》라는 책을 추천하고 싶다. 책 속에는 왜 기본에 집중하는 것이 중요한지 현명한 보고의 방법은 무엇인지에 대한 내용이 담겼다.

슬럼프에 빠진 '나' 깨우는 방법

#조 코치 Message

화려한 언변으로 주변 사람들에게 즐거움을 선사하는 당신! 사람들에게 인싸로 불리는 당신은 사랑받고 싶은 욕구가 있는데, 이들이 존경과 칭찬에 목말라 있는 만큼 그렇지 않은 환경에서는 은둔형이 되기도 합니다. 사실 혼자 있을 때 자신은 늘 이상적인 목표에 못 미처 불만족을 경험할 수 있습니다. 이는 절대 자신이 부족해서가 아닙니다. 비현실적인 목표가 자신을 더 허우적대고 작아지게 만들 뿐입니다.

하나의 방법으로 자신의 가진 목표를 세부적으로 쪼개어 성공 경험을 선물해보시길 바랍니다. 세부적인 목표는 목표를 쪼개는 것뿐 아니라 행동 위주의 목표를 잡는 것입니다. 그렇게 되면 주변의 환경에 영향보단 자신만의 의지로 성공을 경험하게 되고 강인한 정신력을 갖게 되어 자신을 더 사랑할 수 있을 것입니다.

세부적인 목표 작성 예시

* 목표: 다이어트

원대한 목표	세부적인 목표	행동 위주의 목표
5kg 감량	1달 내 2kg 감량	일주일 5번 헬스장 방문

ISFJ

소리 없이 승진하는 임원,
임충신 프로

유형의 업무 특징

: "주신 업무에서 +@까지 필요하실 것 같아 완료했습니다."

#임금님 뒤 권력형이 아니라 그냥 포용력이 넓은 편이죠

임금님 뒤 권력형이라는 이름 때문에 오해를 받는 경우가 많은데, 의외로 아첨에 약하다. 입으로 하는 달달한 말보다는 행동으로 보여주는 유형이다. 그래서인지 행동만큼은 정말 치밀함을 보인다. 기억력도 좋은 편이라 평소 상대가 메일과 구두 보고 중 어떤 쪽을 편하게 생각하는지 기억해 두었다가 거기에 맞춰 보고를 준비한다. 물론 평소 불안이 많기 때문에 만일의 상황을 대비해 두 가지 보고를 다 준비한다. 이런 치밀함으로 상대를 잘 맞추니 맘 잡고 싫어하지 않는 한 회사 내 이들을 적으로 두기는 어려울 것이다. 그래서 많은 사람들이 이들과 친해지고 싶어 하지만 사람에 대한 마음을 쉽게 열지 않는 타입으로 몇몇을 제외하고 직장동료들과의 거리를 유지하는 타입일 수 있다. 그래서 신비주의 내지는 아싸 중 인싸로 불리기도 한다.

#깨진 불도, 끝난 일도 다시 보자

모든 유형을 통틀어 안전하고자 하는 욕구가 가장 강한 유형이다. 그래서 미리미리 준비하고 재차 점검을 마친 후에야 잠이 오는 편이다. 그래서 중요한 일을 앞두고는 남들이 요구하지 않아도 야근을 자처한다. 이들은 꼼꼼히 만일을 대비해 하나하나 챙기다 보면 훌쩍 시간이 지나있다 말한다. 사실 그 행사는 이틀 뒤에 있는 일인데도 말이다. 이 모습을 보고 있는 인식형(P)은 "도대체 내일 행사가 없는데 왜 야근을 하지?"라며 이해를 어려워할 수 있다. 이들은 이렇게 미리미리 준비하고 챙긴 것을 재차 점검해야 만약에 있을 사고를 줄일 수 있어 맘이 편하다. 그래서 이들은 주변에서 꼼꼼하다는 말을 듣는데, 꼼꼼한 유형의 대명사 ISTJ 유형의 사람들은 체계적이고 단계적인 꼼꼼함이라면, 이들은 불안함을 진정시키고자 하는 꼼꼼함이다. 그래서 친구들과 여행을 갈 때 프로봇짐러를 자처하는 경우가 많다. 만일에 현지에서 공수가 어려울 수 있기 때문인데 사전에 챙겨 놓아야 맘이 편하다. 그래서 주변에서는 엄마 같다는 말을 많이 한다. 이것이 긍정적으로 보면 '잘 챙겨준다'에 의미겠지만, 이들이 리더가 되었을 때 못 미더운 직원은 엄청난 잔소리를 견딜 준비 해야 한다.

#꾸준한 거북이가 될래요
조직에서의 안정감을 중요시하기 때문에 장기근속자들이 많다. 조직에 정해진 방향대로 따르는 것에 안정감을 느끼고, 다른 사람들에 비해 회사에 대한 불만도 적은 편이다. 어떤 환경에서든 침착하게 인내심을 가지고 환경을 잘 이겨나가는 '존버 정신'이 있기 때문이다. 반면, 새로운 환경이나, 업무에 적응력이 빠른 편은 아니다. 하나하나 익히고 알아가는 시간이 더디게 걸린다. 그러나 하나를 꾸준히 변함없이 일구어 나가는데 소질이 있다. 출장비, 회계자료, 출퇴근 시간까지 누가 보거나 관리하지 않아도 놓치지 않고 꾸준히 해내는 것을 보면 뜨겁진 않지만 뜨끈한 온도를 유지해주는 뚝배기 같다. 다른 사람들이 보기에는 둔감해 보이기도 한다. 감정 기복이 심하지 않아서 상사의 꾸중에도 주변에 시끄러운 잡음에도 굴하지 않고 자신의 업무에 열중하는 것처럼 보이기 때문인데 알고 보면 굉장히 상대의 감정에 예민하게 반응하는 편이다. 대화를 나눠보거나 가까이에선 느낄 수 있다.

'의외다'라는 말을 자주 들어요.

ISFJ는 내향형(I)임에도 불구하고 외향형(E)으로 오해받는다는 말을 많이 한다. 이들은 사람들과 있을 때 상대의 말에 "아 진짜? 맞아. 내 말이"라며 공감을 잘하고, 업무에서도 상대가 무엇이 필요할지 예상하여 다 준비해 놓는 모습 등 상대의 템포를 잘 맞춰 관계를 맺기 때문이다. 그러나 이들은 같이 있는 것도 좋지만 혼자 있는 것이 더 좋기도 하고, 남들을 잘 챙겨주지만 아니다 싶으면 정말 냉정하게 끊어내는 등 그때그때 상황에 따라 적응하는 듯하다. 활발한 분위기에서는 활발한 자아가, 차분하고 우울할 때 그에 맞는 자아가 튀어나온다. 이는 상대의 감정에 공감 능력이 뛰어난 덕이기도 하다. 이런 모습을 지켜본 동료들은 '의외다'라는 반응을 보이기도 한다. 이들이 가장 의외의 면모를 보일 때는 모두 혼란에 빠져있을 때이다. 위기 상황에 닥쳤을 때 다른 감정(F)형의 반응과는 다른 차분함과 냉정함을 보이기도 한다. 그래서 혹자는 나도 내가 어떤 스타일의 사람인지 잘 모르겠다는 반응을 하곤 한다. 다만 확실한 것은 남에게는 관대하지만 자신에게는 엄격한 편이라는 점이다.

#그냥 점심 메뉴는 정해주시면 안 될까요?

사려 깊고, 근면함까지 가진 어머니상 1위를 꼽히는 유형들로 상대를 위해 헌신적인 모습을 보인다. 그래서 이들은 자신에게 도움이 되는 사람보다는 자신이 채워줘야 할 것 같은 사람과 가까워지는 경우가 많다. 이렇듯 사람들에게 따뜻함을 베푸는 것이 편한 이들이기에 상대와 내가 동시에 원하는 최선의 선택을 하려고 해 스스로를 결정 장애로 의심하는 경우도 있다. 이러니 ISFJ 유형이 최고의 동료라는 말을 듣기도 한다. 왜냐하면 늘 "OK"로 답하며 동료를 배려하고, 게다가 부탁받은 일인데도 본인 일처럼 잘해 준다. 그러니 지금도 일이 몰려 발을 동동 구르며 엄청난 양의 업무를 처리하고 있을지 모른다.

유형에 딱 맞는 업무 환경

#꾸준히 멀리 갈 수 있는 일

이들은 소속감이 매우 강한 편이다. 성실해서 근무태도에 문제를 일으키지 않고, 묵묵히 자신의 일을 하되 사람들과의 잡음이 나는 일이 거의 없어 적이 생기거나 경쟁상대의 표적이 되는 일도 흔치 않다. 더구나 조직의 규율이나 절차에 대해서도 목소리를 내지 않고 잘 따르는 편이니 조직에서도 이들에게 문제 삼을 것이 없다. 누군가는 '발톱을 숨기고 있을 것'이라 샘낼 수도 있겠지만 이들은 자신의 행동으로 사람들에게 거론되거나 정해진 규칙을 깨는 등의 문제가 발생하는 것이 불편하여 조용히 공존하며 잘 지낸다. 상하체계가 명확한 조직에선 승진의 단계를 문제없이 밟아나가며 임원의 길을 걷는 사람들이 많다.

#참을 인 4번이면 뭐가 있나요?

이들의 가장 큰 장점이 무엇이냐 묻는다면 인내심이 많은 편이라 할 수 있다. 다른 사람들은 못 버티고 나가떨어질 상사임에도 이들은 밑에서 잘 적응하는 편이다. 이들은 화가 난 상사의 마음을 이해하려고 애쓰며 또다시 모진 말들이 반복되지 않도록 미리 업무를 다 처리해 놓기 때문이다. 기획안도 메일로만 전달하지 않고 출력물에 밑줄까지 쳐서 책상 위에 올려놓는 세심한 배려를 보이니 사감 같은 상사의 마음도 녹일 수 있는 능력을 지녔다. 이렇듯 무리한 요구를 하는 상사, 고객사들과의 관계를 오래 유지하며 내 편으로 관리하는 능력이 뛰어난 편이다. 내가 포기하지만 않는다면 말이다.

#저에겐 차별보단 완벽이 더 쉬웠어요

새로운 장비를 사용하기 위해서는 사용설명서를 꼼꼼히 읽어보고 적혀있는 순서 그대로 일을 처리할 만큼 기존의 패턴이나 규칙이 바뀌는 것을 불편해하는 편이다. 그래서 창의성이나 혁신을 요구하는 업무 대신 하나씩 차근차근 단계별로 해내는 업무에 자신이 있는 편이다. 그래서 기획단계보다는 실행단계에서 더 빛을 발한다. 새로움이 계속되는 마케팅 등의 업무를 맡게 될 경우 창작된 그림을 실천으로 옮기는 일에 배치된다면 능력이 잘 발휘될 수 있을 것이다. 그리고 만약 이들에게 새로운 기획의 일을 맡게 되어 자신이 없다면 기존 업무 중 성공적이었던 프로젝트 두 가지를 융합해 재창조하는 것도 요령일 수 있다.

#약자를 보면 그냥 지나치기 어려워요

사람들에 대한 관찰력이 좋은 편이다. 그래서 동료가 평소 좋아하는 음식은 무엇인지 기억해 두었다가 지쳐있을 때 서프라이즈 선물을 올려놓고 가는 등의 세심함을 발휘한다. 그래서 누군가를 챙겨주거나 도움을 주는 직업을 가지면 자신의 능력을 발휘할 수 있을 것이다. 특히 일대일 관계에서 두각을 드러내기 때문에 단체를 상대하기보단 코치의 역할이 더 적합한 편이다.

#의외로 일 중독자가 많아요

의외로 일 중독자들이 많은 이유는 인생에서 여가 시간을 별로 두지 않는다. 이들을 보면 주말에도 무언가를 계속하면서 움직이는 모습을 볼 수가 있다. 직장에서도 일을 게으름이나 꾀 없이 꾸준히 해내는 모습을 보인다. 그래서 얼핏 보기엔 관계형이라 일엔 소홀할 것 같지만 결과물도 꼼꼼히 처리되어 있음을 알수 있다. 게다가 높은 수준의 결과물 대비 티를 잘 내지 않는 겸손함도 있어 동료들의 신뢰를 받는 편이다.

유형의 업무 강점 및 추천 진로

– 정이 넘치고 친절하여 난관에 빠진 사람들을 도와준다.

– 부지런하며 책임감 있게 업무처리를 해낸다.

– 관찰력이 뛰어나고 과거의 경험을 잘 기억해 세부적인 문제에 대비를 잘해 놓는다.

– 마찰을 최소화하고 협력적인 조직 분위기를 유도한다.

– 정해진 규칙을 잘 따르며 시간약속을 잘 지킨다.

– 계획대로 일을 처리해야할 때 페이스 메이커 역할을 자처한다.

– 철저한 준비로 만약의 상황을 잘 대비해 놓는다.

* 추천 진로: 간호사, 유치원 교사, 노인요양 복지사, 사무직 관리자, 개인 상담사, 사회복지사, 약사, 행정사무원, 학습 코치 등.

반대유형과 생길 수 있는 갈등의 순간

임충신(ISFJ) 프로와 무한도(ENTP) 프로가 이번 분기 새로운 판촉행사를 기획 중이다.

임충신 프로: 이번 분기는 또 어떤 판촉행사를 기획해 볼까요? 이젠 해볼 만큼 해 봤는데 말이죠. 우리팀 아이디어 뱅크 무한도 프로님 뭐 생각나는 거 없으세요?

무한도 프로: 그러게요. 비가 많이 왔으니까 재즈 공연 같은 거 어때요?

임충신 프로: 재즈 공연요? 그걸 어떤 식으로 하는 게 좋을까요?

무한도 프로: 뭐 재즈바를 하나 빌려서 공연장 초대를 해도 괜찮을 것 같고요.

임충신 프로: 아~ 그것도 좋네요. 근데 재즈를 잘 모르는 사람은 어떻게 하죠? 아는 재즈바 있으세요?

무한도 프로: 아 그냥 던져 본 거예요. 이러면서 새로운 아이디어가 나오는거 아니겠어요? 질문만 하지 마시고, 뭐 좋은 아이디어 없으세요?

임충신 프로: 아 여름 관련된 추억의 노래 공연 같은 거 생각해 봤는데 이건 했던 거죠. 하아. 웬만한 건 다해서 생각이 도저히 나질 않네요.

#(ENTP) 무한도 프로의 생각

수용적인 태도로 상대를 기분 좋게 하는 임충신 프로가 회사에서 인정받는 이유는 알겠다. 그러나 하나하나 설명을 해주지 않으면 이해를 하지 못하는 임충신 프로가 답답하다. 그리고 아이디어를 내는 자리라면 무엇이든 좋으니 의견을 냈으면 좋겠는데 임 프로는 도저히 생각이 나질 않는다고 말한다. 그래서 내가 아이디어를 던져보면 '이건 이래서 어려울 것 같다. 저래서 어렵지 않겠냐' 하는 등 걱정이 많은 탓에 아이디어의 확장을 막는다. 그래서 임 프로와는 의견을 결정하는 일이 어렵다.

#(ISFJ) 임충신 프로의 생각

새로운 아이디어가 하나하나 꺼내질 때마다 '저 사람은 대체 나와 뭐가 다르기에 아이디어들이 잘 떠오를까' 하는 생각이 든다. 나는 하나를 생각해내기도 어려운데 무한도 프로는 서랍을 열듯 자연스럽게 아이디어들을 꺼내놓는다. 그런 모습이 부럽긴 하지만 아이디어의 양이 많아서일까. 영양가 없는 아이디어도 많은 것 같다. 게다가 그 말들이 모호해 이해가 잘되지 않는다. 사실 재즈 공연과 우리 제품이 무슨 연관성이 있는가. 깊지 않아도 되지만 깊은 생각 없이 내뱉는 모습이 일을 대충대충 하는 듯 보일 때도 있다.

무한도 프로에게 아이디어를 생각해내는 것은 그리 어려운 일이 아닌 것 같다. 그의 주기능은 직관(N)이기 때문에 새로운 것을 창조하는 일에서 생기가 돋는다. 그러나 임충신 프로의 열등기능은 감각(S)이다. 그만큼 새로운 것에 생소함을 느끼고 보이지도 않고 만져보지도 못한 아이디어가 임 프로에겐 이해조차 어렵게 느껴질 수 있다. 더구나 임 프로는 실수 없이 완벽함을 지향하는 만큼 자신의 아이디어가 완벽히 정리되지 않으면 입 밖으로 내뱉기 어려울 수 있다. 그래서 임 프로의 아이디어는 더더욱 부족해 보인다. 그럼에도 다양한 아이디어를 만들어내는 도전을 시도하고 싶다면 다음과 같은 방법을 추천해 본다.

다양한 아이디어를 만들어내는 방법

한 문장에서 빈칸에 내용을 아무 단어로 채워보고 또 이것들을 여러 경우의 수로 조합해 보는 것이다. 아래 예시와 같이 랜덤의 단어를 조합하다 보면 쉽고 다양하게 새로운 아이디어를 도출할 수 있다.

예시)　　＿＿＿에서 ＿＿＿를 ＿＿＿한다.

　　　　　－ 부산에서 민속놀이를 관람한다.
　　　　　－ 나룻배 위에서 재즈 공연 티켓을 추첨한다.
　　　　　－ 억새꽃 축제에서 기관차 관람을 경험한다.

소프트뱅크를 설립한 손정의 회장이 자신만의 새로운 발상을 할 때 사용하는 방법으로 소개한 내용에 따르면, 300개의 단어를 넣은 상자에서 매일 2장의 카드를 뽑아 단어를 연결하여 아이디어를 창출했다고 한다. 이처럼 한 문장에 완전히 새로운 단어들을 랜덤으로 조합해 봄으로써 사고를 확장해 나갈 수 있을 것이다.

슬럼프에 빠진 '나' 깨우는 방법

#조 코치 Message

묵묵하게 자신의 일을 해내는 소나무처럼 한결같은 당신! 동료들에 대한 배려가 늘 몸에 묻어난 당신! 사람들에게 따뜻한 당신이기에 동료들은 당신이 내향형이라는 결과를 의심할 수 있습니다. 어디서든 환경에 적응하여 분위기를 맞춰주며 참을 인을 새기고 있진 않나요? 그러다 보면 당신이 진정으로 좋아하는 것이 무엇인지 찾지 못하고 상대를 배려하다 분위기에 휩쓸려 맞춰주는 것에 익숙해 있을 수 있습니다.

혹시 이런 자신 때문에 지쳐버린 당신이라면 자신만이 좋아하는 강점이나 취미를 발견해 보시길 추천합니다. 새롭게 시작하는 것을 망설이다 지금까지 시도하지 못했던 것이 분명 있을 것입니다. 실천이 어려운 이유는 첫발을 내딛는 충동마저 두려운 신중함 때문입니다. 당신의 '이렇게 되면 어떻게 하지?'라는 걱정을 내려놓고 첫발부터 디뎌 보시길 바랍니다. 공부하고 싶었다면 무작정 학원을 등록하거나 대학원 원서부터 넣어보는 것입니다. 그런 도전들이 당신을 더 큰 성장으로 이끌어 줄 것입니다. 당신의 능력은 당신이 생각한 것보다 뛰어나다는 것을 잊지 않길 바랍니다.

어떤 구성원끼리 모였을 때 최강의 팀워크가 발휘되는가. 영국의 경영학자 메러디스 벨빈(Meredith R. Belbin)의 연구진은 경영게임에 참가한 팀을 대상으로 9년 동안 이를 분석하였다. 연구 결과에 따르면, 최강의 실력자들만 모였을 땐 오히려 서로의 의견 일치를 보는데 할애하는 시간 때문에 실천에 쏟을 시간이 부족해 평균 이하의 성과를 냈다. 이런 현상을 '아폴로 신드롬(Apollo Syndrome)'이라 한다.

그렇다면, 연구에서 높은 성과를 낸 팀은 어떤 공통점이 있을까. 결과는 팀 내의 각자의 유형별 역할이 잘 수행되었던 팀이 가장 높은 성과를 도출했다. 이것을 '팀 역할의 균형화(Team role balance)'라고 부른다(메러디스 벨빈 팀이 제시한 팀의 역할 9가지로는 지원탐색자, 분위기조성자, 실행자, 완결자, 판단자, 전문가, 창조자, 조정자, 추진자들이다).

이 결과에서 유추해 볼 수 있는 것은 일 잘할 것 같은 유형만 골라 채용했다간 회사가 망하는 지름길이 될 수 있다는 점이다. 물론 같은 유형일지라도 팀에서 요구하는 역할이 다를 경우 그에 맞는 수행이 가능하다. 하지만 서로 다른 유형의 팀원들이 모여 각자의 강점이 발휘될 때 가장 좋은 성과를 낼 수 있다.

지금까지 MBTI 유형에 따른 직장생활을 탐구해보았다. 각 유형의 강점과 보완점이 있듯 우리가 가진 서로의 '차이'는 '보완'의 존재라는 것을 기억해야 한다. 그래야 비로소 최강의 어벤저스 팀으로 거듭날 수 있을 것이다. 나아가 개개인이 모두 만족하는 직장생활을 해나갈 수 있을 것이다. 끝으로 이 책에서 제시하는 MBTI 유형별 제시한 특징들을 통해 조직 내에서 서로를 슬기롭게 이해하고 소통하는 법을 배우는 유익한 시간이 되었길 바란다.

출근이 두렵다면,
MBTI

초판인쇄 2023년 2월 28일
초판 2쇄 2024년 4월 30일

지은이 조수연
발행인 채종준

출판총괄 박능원
책임편집 김채은
디자인 서혜선
마케팅 문선영 · 전예리
전자책 정담자리
국제업무 채보라

브랜드 크루
주소 경기도 파주시 회동길 230(문발동)
투고문의 ksibook13@kstudy.com

발행처 한국학술정보(주)
출판신고 2003년 9월 25일 제406-2003-000012호
인쇄 북토리

ISBN 979-11-6983-040-9 03320

크루는 한국학술정보(주)의 자기계발, 취미 등 실용도서 출판 브랜드입니다. 크고 넓은 세상의 이로운 정보를 모아 독자와 나눈다는 의미를 담았습니다. 오늘보다 내일 한 발짝 더 나아갈 수 있도록, 삶의 원동력이 되는 책을 만들고자 합니다.